2021年度河南省哲学社会科学规划项目"汉语非常规性介词构型的生成语法研究"成果项目批准号：2021BYY027

知库

教育与语言

形式句法理论的最新发展及应用

孙文统　著

吉林大学出版社

·长春·

图书在版编目（CIP）数据

形式句法理论的最新发展及应用 / 孙文统著 . —长春：吉林大学出版社，2022.1

ISBN 978－7－5692－9847－5

Ⅰ . ①形… Ⅱ . ①孙… Ⅲ . ①句法—研究 Ⅳ . ①H043

中国版本图书馆 CIP 数据核字（2022）第 015554 号

书　　名	形式句法理论的最新发展及应用	
	XINGSHI JUFA LILUN DE ZUIXIN FAZHAN JI YINGYONG	
作　　者	孙文统　著	
策划编辑	李潇潇	
责任编辑	李婷婷	
责任校对	刘　丹	
装帧设计	中联华文	
出版发行	吉林大学出版社	
社　　址	长春市人民大街 4059 号	
邮政编码	130021	
发行电话	0431－89580028/29/21	
网　　址	http：//www. jlup. com. cn	
电子邮箱	jdcbs@ jlu. edu. cn	
印　　刷	三河市华东印刷有限公司	
开　　本	710mm×1000mm　1/16	
印　　张	15.5	
字　　数	215 千字	
版　　次	2022 年 1 月第 1 版	
印　　次	2022 年 1 月第 1 次	
书　　号	ISBN 978－7－5692－9847－5	
定　　价	95.00 元	

序

　　文统又有新作问世，我先睹为快。《形式句法理论的最新发展及应用》一书是作者近年来阅读形式语言学前沿性学术专著的一个总结。该书对形式语言学领域内的学术新作进行了介绍，深化了我们对于形式语言学理论发展趋势的认识，其写作特色和学术价值主要表现在以下几个方面：

　　第一，本书所选的理论模型均由形式语言学领域内的知名学者或学术新秀所构建，极具代表性，能够较好地展现形式语言学理论的发展趋势与研究导向。近些年来，形式句法学理论在注重提升句法运算的经济性与高效性的同时，在接口层面上大做文章，尝试从不同的视角为语言现象提供全新的理论解释。而本书所选的理论模型既涉及句法部门本身的调整与变革，比如合并的二元限制理论、关系句法理论、范域理论等，亦涉及接口理论的开发与运用，比如接触理论，外化理论和韵律句法等。值得一提的是，本书将韵律句法这一完全基于汉语事实而构建的形式语言学理论予以介绍，有利于汉语语法理论的传播与发展。

　　第二，本书章节安排合理，善于凸显核心信息，简明扼要地呈现各个理论模型的核心操作。众所周知，复杂冗长、艰深晦涩是西方形式语言学理论的主要特色。本书在写作过程中极力避免了原著中玄而又玄的论证过程，仅展现各家理论模型中的操作要件，选择最具代表性的个案研究予以呈现。在原著介绍与简评部分，尽量避免面面俱到，着意反映原著的核心要义与理论特色。比如在介绍接触理论的具体应用时，重点介绍该理论模型在 EPP 原则解释中的应用，以凸显其句法－韵律互动的理论特色。这种写作风格能够使读者较快地掌握各家模型的核心要旨，给予读者卒读全书的勇气。

第三，本书不仅对各家理论模型进行了介绍与说明，还在阐述过程中加入了自身的观点，对不同的理论模型进行了简要的分析与评价。本书在对各家理论进行介绍时，亦对各个理论模型进行了简要的评价和比较，启发读者思考各家理论模型的区别和联系。书中的部分内容曾以书刊评介的方式公开发表，感兴趣的读者可以查阅参考。

当然，本书仍然存在一些不足之处，有待在将来的研究中不断改进与完善。比如理论模型的选取仍然不够全面，涉及语义部门的理论模型不多。在对具体理论模型进行介绍时，没有对一些背景性概念及基本操作进行说明，这就要求读者需要具有一定的形式句法学基础才能完全读懂此书。这些不完善之处，有赖作者在今后的研究中进一步探索。作者精力充沛，勇于探索，相信他今后会在自己的研究领域投入更多的时间和精力，展开更为全面深刻的研究，我热切地期望文统今后有更多的学术新作问世。

是为序。

于山东大学

2021 年 10 月 25 日

目　录
CONTENTS

第一章

绪　论

1.1　形式句法的发展趋势及代表性理论

以生成语法为代表的形式句法学理论诞生于 20 世纪 50 年代，成为引领西方学术领域"认知革命"的重要因素。其整个发展历程伴随着理论框架的变革与研究视角的转换，直至最简方案确立之时，已然经历了五个大的发展阶段。彼时，基于语段的多重拼出操作为句法运算提供了全新的技术手段，而"倒 Y"式的理论模型（如图 1 – 1 所示）被主流形式学派奉为圭臬，至今仍然具有极其重要的理论地位。

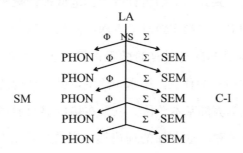

图 1 – 1　"倒 Y"式理论模型（Dobashi，2019）

在多重拼出的"倒Y"式理念模型中，运算系统从词汇序列（LA）中提取词汇项目，在狭式句法（NS）中进行句法运算。运算系统分阶段、循序式地实施拼出操作并将拼出的白法实体，分别移交至语音部门和语义部门进行解释，语音部门和语义部门分别与感觉运动系统（SM）和概念-意向系统（C-I）形成外部接口关系。时至今日，"倒Y"式的理论模型仍然在形式句法的理论研究中占据主导地位。

进入新千年以来，形式句法理论呈现出多元化的发展局面。经典理论模型频遭质疑，传统研究方案饱受争议，新理踵出，论辩蜂起，乔姆斯基（Chomsky）最简方案一统天下的局面逐渐离析。形式句法理论在与各种学术观点的切磋琢磨与交锋碰撞中砥砺前行。经典"倒Y"式理论模型中句法、音系、语义三部门分立而治的格局已被打破，各部门之间的交叉互涉日渐频繁。同时，句法运算更为精准，句法表征更为细密，研究层次逐步拓展至自然语言中的微观领域。由此，形式句法理论沿着三个方向摸索前进：一是调整自身句法构件的运作方式，追求句法运算的精简性与准确性。这方面的尝试以关系句法（Bowers，2018）、范域理论（Keine，2020）和合并的二元限制（Cikto and Gračanin-Yuksek，2021）等理论模型为代表。关系句法颠覆了狭式句法的运算方式，范域理论赋予探针全新的搜寻方式，二元限制则对合并操作做出了更深层次的限制。二是拓宽句法运算的适用层面，逐步探索自然语言的微观世界，这方面的努力以纳米句法（Baunaz et al.，2018）为代表。纳米句法主司微观结构的推导与生成，将原子特征视为句法运算的基本单位。三是在接口层面上寻求突破，挖掘语法模块之间的内在关联。这方面的理论模型以普遍语义句法（Fortuin and Geerdink-Verkoren，2019）、接触理论（Richards，2016）、外化理论（Dobashi，2019）和韵律句法学（Feng，2019）等理论模型为代表。普遍语义句法以纯语义的视角探索句法关系的形式化表征，接触理论、外化理

2

论和韵律句法则以句法 – 韵律互动的方式为语言现象提供解释。各种理论模型视角互异，各有偏重，共同代表着形式句法理论的最新进展。

总而言之，理论视角和研究层次的多元化代表了形式句法学理论的发展方向。本书收纳形式句法学领域内的前沿论著，依次阐释各家理论的核心精神及具体应用，旨在展现形式句法理论在新千年中的学术新变，不断追求"辨章学术，考镜源流"的学术境界。

1.2 本书特色及学术价值

本书在写作方面的特色体现在以下三个方面：

第一，本书所选的学术专著均为形式句法学领域内的前沿性著作，作者均为形式语言学领域内的知名学者，学术专著均由国际权威出版社于近五年之内出版，能够代表形式句法理论的最新发展方向，从而最大限度地体现理论模型的前沿性与权威性。

第二，本书所推介的理论模型涵盖语法系统中的句法、音系和语义三大组成部分，既反映了句法运算系统自身的修正与变革，也涉及各部门之间的联系与运作，尽可能全面准确地反映形式句法理论的发展与变化。

第三，本书在对不同的理论模型进行介绍时，尽可能简明快捷地直击理论模型的核心操作及关键假设，使读者能够较快地领悟不同模型的运作机制与基本轮廓。在符号与图形的展示方面，本书尊重原作者的表达习惯与表征风格，尽可能完整地还原原作的分析过程与表征方式。在具体应用的描写中，本书尽可能避免原作中烦冗艰涩的分析过程，尝试使用较为简单的语言对具有代表性的个案研究做出说明。

本书将形式句法学领域内的前沿性著作进行分析与介绍，展现形式句法学理论的发展与演变，其学术价值体现在以下两个方面：

第一，尽管西方形式语言学派内部百家林立，众说纷纭，新的观点相继提出，学术新作不断涌现，但就国内来看，对于学术新著所做出的介绍与评析工作尚不够充分，很多译介工作仍然停留在最简方案阶段，对形式句法学领域内前沿性学术新作进行系统介绍的理论专书并不多见。本书选取形式句法学领域内颇具代表性的学术新作进行介绍，希望能够展现形式句法学理论的发展状况，以供国内学者研究与借鉴。

第二，本书对西方形式句法学理论的新近发展进行介绍，能够使国内学界更好地理解西方形式语言学理论的发展与革新，分析各种模型的理论特点，吸纳不同模型的理论优势，将极具解释力的理论模型运用于汉语语言现象的解释过程，推动汉语语法研究的持续发展。

1.3　章节安排及各章要义

本书共包含十章内容，第一章和第十章分别为绪论和结语，第二章至第九章为理论介绍，每章均包含理论背景、模型介绍、具体应用、著作评介和篇章小结五个部分。

第一章为绪论，主要概括形式句法学理论的发展情况及代表性理论，本书的特色及学术价值，并简要概括了本书的章节安排及各章要义。

第二章"二元合并：多重支配句法中的操作限制"主要介绍二元合并的最新限制模型。本章首先介绍了"阶段""新的推导式"等句法运算概念，明确了基于结构位置的二元限制条件，并揭示了该条件在自然语言中的 ATB 结构、RNR 结构和循序式移位现象中的理论效应。最后，本章对《合并：多重支配句法中的二元限制》一书进行了简要评介。

　　第三章"关系句法：基于句法关系的推导模型"对基于关系进行句法运算的模型进行介绍。本章首先探讨了消除合并和移位操作的可能性，构建出基于关系的句法推导模型，并对修饰关系进行了探索。随后，本章阐释了关系句法在语序变化、特殊疑问句和省略现象中的应用，并对《推导句法关系》一书进行了简要评介。

　　第四章"纳米句法：探索语言结构的微观世界"介绍纳米句法的研究框架。本章首先阐述了纳米句法的基本假设及理论模型，介绍了纳米句法中停留核查、循环移位、整体移位等运算操作，并介绍了纳米句法在类并现象、法语代词和习语研究中的具体应用。最后，本章对《探索纳米句法》一书进行了简要评介。

　　第五章"探针及其范域：句法局域性运算的前沿理论"对范域理论进行了介绍。本章阐述了探针自上而下的搜寻方式，说明了双边加标和探针–范域互动的操作方式，并展示了范域理论在印度–乌尔都语和德语中的局域性限制以及不当移位限制中的具体运用。最后，本章对《探针及其范域》一书进行了简要评介。

　　第六章"普遍语义句法：语义关系的形式化表征理论"对普遍语义句法的理论模型进行介绍。本章阐明了普遍语义句法的基本假设与理论特色，强调了其句法研究的纯语义视角。本章陈述了该理论模型的基本概念及表征方式，具体展示了该理论模型下的名词修饰、动词结构、非人称结构等结构的形式化表征方式。最后，本章对《普遍语义句法》一书进行了简要评介。

　　第七章"接触理论：句法–韵律互动的推导运算"主要对接触理论进行介绍。本章首先阐述接触理论的基本假设，指出句法运算须参照语音信息。随后，本章展示了句法–韵律互动的运算方式在EPP条件、特殊疑问句和探针–目标关系中的应用。最后，本章对《接触理论》一书进行了简要评介。

第八章"外化理论：句法－音系接口的最新探索"对外化理论进行介绍。本章首先阐述外化理论的基本理念，描述了内在性语言设计的"I"模型，加标算法和加标算法与音系之间的互动方式。随后，本章揭示了外化理论对于SVO型语言的韵律组配、韵律层级和句法现象的解释方案。最后，本章对《外化：句法实体的音系解释》一书进行了简要评介。

第九章"韵律句法：基于汉语事实的形式理论"对汉语韵律句法学进行介绍。本章首先阐述韵律句法的基本假设及理论主张，明确了普通重音在韵律句法中的理论地位。随后，本章揭示了韵律句法在汉语"头重脚轻"和"尾大不掉"等语言现象中的具体效应。最后，本章对《汉语韵律句法学》一书进行了简要评介。

第十章为结语，对本书的主要内容和不足之处进行了总结。

第二章

二元合并：多重支配句法中的操作限制

2.1 理论背景

多重支配句法（multidominant syntax）是形式句法学中一个较具争议的研究领域。在多重支配结构中，单一的节点被两个母亲节点共同支配（Citko，2011a：1），如图 2 − 1 所示：

图 2 − 1　多重支配句法结构模式图

在图 2 − 1 左边的结构中，节点 γ 被母亲节点 K 和 L 共同支配，形成一种具有多个根部节点的句法结构（multi-rooted structure），节点 K 和节点 L 水平共享（horizontal sharing）节点 γ。在图 2 − 1 右边的结构中，节点 γ 同时被母亲节点 K 和节点 L 支配，其中节点 L 在结构上支配节点 K，二者垂直共享（vertical sharing）节点 γ（Gračanin − Yuksek，2007）。

在生成语法领域，多重支配结构被视为一种非常规性的句法结构，关于这类句法结构的理论地位历来存在着争议。Chomsky（2007，2008，

2019）、Larson（2016）、Adger（2017）等认为自然语言的运算系统不能生成多重支配结构，而 Goodall（1987）、Moltmann（1992）、Citko（2000，2011a，2011b）、Wilder（1999，2008）、Gračanin‐Yuksek（2007，2013）、Johnson（2012，2018）等则承认多重支配结构存在的合理性，并对多重支配结构的句法特征和线性化（linearization）过程进行了解释。下列语言现象可以纳入多重支配句法的理论框架中进行讨论：

(1) a. 并列疑问结构（across‐the‐board wh‐questions，ATB）（Muadz，1991；de Vries，2009）

　　b. 右向节点提升结构（right node raising，RNR）（Larson，2007；McCawley，1982）

　　c. 寄生空位（parasitic gap）（Kasai，2008）

　　d. 自由关系分句（free relatives）（Citko，2000；van Riemsdijk，1998，2000，2006）

　　e. 连动结构（serial verbs）（Hiraiwa and Bodomo，2008）

　　f. 限定词共享（determiner sharing）（Citko，2006）

可以看出，多重支配句法所涉及的语言现象大致分为三类：并列结构、空位结构和共享结构。其中，并列疑问结构和右向节点提升结构属于并列结构，寄生空位和自由关系分句属于空位结构，涉及句法移位所产生的空位。连动结构和限定词共享属于共享结构，前者共享宾语，后者共享限定词。以并列疑问结构（以下简称为 ATB 结构）和右向节点提升结构（以下简称为 RNR 结构）为例，多重支配结构在自然语言中的句法表现如下（Citko and Gračanin‐Yuksek，2021：3‐4）：

(2) a. What paper$_i$ did Pat review t_i and Chris edit t_i? 　　（ATB 结构）

　　b. Pat reviewed ＿ and Chris edited ＿ , a paper by a famous linguist.

（RNR 结构）

在 ATB 结构中，疑问词 "what paper" 受到谓语动词 "review" 和 "edit" 的共同支配，并从宾语位置提升移位至句首，在原来的位置上留下语迹。这种操作方式称为 ATB 移位（ATB movement）或 ATB 抽取（ATB extraction）。而在陈述性的 RNR 结构中，名词性成分 "a paper by a famous linguist" 同样受到谓语动词 "reviewed" 和 "edited" 的共同支配。与 ATB 结构不同的是，RNR 结构中受到动词共同支配的名词性短语没有进行提升移位。除此之外，二者之间的差异还表现在句法操作的平行性（parallelism）方面：

（3） a. I know a man$_i$ who Bill saw t_i and Mary liked t_i.

b. *I know a man$_i$ who Bill saw t_i and t_i liked Mary.

（Williams，1978：34）

例（3）中的名词短语 "a man" 进行了 ATB 移位，从相互并列的两个成分中抽取出来。在（3）a 中，名词短语为动词 "saw" 和 "liked" 的宾语，占据相同的句法位置，ATB 移位合乎语法。而在（3）b 中，名词短语 "a man" 在相互并列的两个成分中占据不同的句法位置：其在第一个并列成分中作动词 "saw" 的宾语，在第二个并列成分中作动词 "liked" 的主语。这种结构上的不平行性（non-parallelism）导致 ATB 移位不合乎语法。也就是说，ATB 移位操作受到句法平行性的限制。与之相比，RNR 结构的生成不受句法平行性的限制①，请看下例：

（4） a. Everyone expected ＿ , and into room walked ＿ , a guy in a blue suit.

---

① RNR 结构受到 "右侧边缘限制"（Right Edge Restriction），要求受到共同支配的成分位于两个并列成分中的最右边（right－peripheral），定义如下：（1）在结构 [[$_A$ ... X...] Conj [$_B$... X...]] 中，X 必须位于两个并列成分中的最右边，才能进行以下句法操作：（a）X 从 A 中删除；（b）X 右向 ATB 移位；（c）X 受到 A 和 B 的多重支配。（Sabbagh，2007：356）

b. Into room walked ＿ , and everyone's eyes turned to ＿ , the
defendant's former wife.

(Gračanin‒Yuksek，2021：37)

名词短语"a guy in a blue suit"在（4）a 中的第一个并列成分中作宾语，在第二个并列成分中作主语。名词短语"the defendant's former wife"在（4）b 中的第一个并列成分中作主语，在第二个并列成分中作宾语。名词短语在并列成分中句法位置的不平行性并不影响 RNR 结构的合法性。ATB 结构和 RNR 结构在平行性方面的差异在其他语言中也有体现，下面是波兰语（Polish）和克罗地亚语（Croatian）的例子：

(5) a. Do portu wpłynął ＿ , i wszyscy chcieli zobaczyć　　（波兰语）

into port sailed　and　all　　wanted see

nowy　　　　statek　　　　kontenerowy.　　（RNR 结构）

new. ACC/NOM　　ship. ACC/NOM　cargo. ACC/NOM

'Into the port sailed and everyone wanted to see a new cargo ship. '

b. ?? Który　　　statek　　　do　portu　wpłynął t_i

which. ACC/NOM　ship. ACC/NOM　into　port　sailed

i　wszyscy　chcieli　zobaczyć t_i?　　（ATB 结构）

and　all　　wanted　see

'Which ship into the port sailed and everyone wanted to see?'

(6) a. Svake godine　u　luku　uplovi ＿　i　svi　uvijek

（克罗地亚语）

every　year　into　port　sails　　and　all　always

posjete ＿ ameriĉ　　ratni　　　brod.

visit　America. ACC/NOM　war. ACC/NOM　ship. ACC/NOM　（RNR 结构）

'Every year into the port sails and everyone always visits the American warship. '

b. *Ĉji　　　ratni　　　brod$_i$　　　svake　godine　u

whose.$_{ACC/NOM}$　war.$_{ACC/NOM}$　ship.$_{ACC/NOM}$　every　　year　into

luku　uplovi t_i　i　svi　uvijek　posjete t_i?　　（ATB 结构）

port　sails　and　all　always　visit

'Whose warship every year into the port sails and everyone always visits?'

例（5）是波兰语的情况，名词性成分在相互并列的两个成分中分别占据主语和宾语的位置，RNR 结构合乎语法，ATB 结构不合乎语法。例（6）是克罗地亚语的情况，名词性成分的句法分布与例（5）一致，同样是 RNR 结构合乎语法，ATB 结构不合乎语法。这种句法操作的平行性限制体现出一定的跨语言普遍性。

就目前来看，学界对于多重支配结构的生成机制和推导限制方面的研究尚不够深入，现有的研究主要集中在该类结构的句法特征和线性化机制等方面。有鉴于此，BarBara Cikto 和 Martina Gračanin - Yuksek（2021）以 ATB 结构和 RNR 结构为例，深入探索了多重支配结构的生成机制，并在此基础上深刻地揭示了合并（merge）操作的句法本质和限制条件，是形式句法学领域关于合并操作的最新研究成果。

BarBara Cikto 和 Martina Gračanin - Yuksek 的核心思想体现在《合并：多重支配句法中的二元限制》（"Merge：Binarity in（Multidominant）Syntax"）一书中。该书于 2021 年 2 月由美国麻省理工学院出版社出版，是语言探索系列（Linguistic Inquiry Monograph）专著中的第 83 部。在该书中，作者全面比较了 ATB 结构和 RNR 结构在句法推导和操作限制方面的差异，详细刻画了多重支配结构的生成要件，深刻地揭示了隐藏于合并运算背后的制约条件，加深了人们对于合并操作本质的理解，具有极其重要的理论意义。

2.2　理论模型及限制方式

2.2.1　运算系统的主要特征

在运算模型方面，Cikto 和 Gračanin - Yuksek 沿用了生成语法一贯使用的理论模型（即"倒 Y"模式），将合并视为句法运算的基本操作方式。在句法运算过程中，运算系统从词汇序列（lexical array）中提取词汇项目（lexical entry），在工作空间（workspace）中逐步生成句法结构（Bobaljik，1995；Chomsky，1995；Zwart，2009；Collins and Stabler，2016）。在工作空间的运算方式方面，二者做出了一些优化和改进。和以往认为工作空间只能容纳单一的句法推导式的观点不同（Collins，2002；Nunes，2004；Stroik，2019），Cikto 和 Gračanin - Yuksek 认为工作空间中可以允许多个句法推导式同时进行句法运算，并通过"阶段"①详细定义了新的推导式产生的条件，"阶段"的定义如下：

（7）阶段（stage）

　　在工作空间中，由一次合并操作所形成的句法实体的集合即为句法推导中的一个阶段。

每一次合并操作均能够产生新的句法实体的集合，但这并不能反映工作空间中的集合数量。工作空间中的集合数量由根部节点的数量决定，用符号表示为 sets^{W}。当工作空间中的集合数量增加时，就会形成新的句法推

---

① "阶段"与"语段"（phase）不同，句法推导过程中的每一次合并操作均能生成新的句法实体的集合，从而形成句法推导中的一个新的阶段。"语段"是句法推导中的局域性概念，最为常见的语段是 CP 和 v^*P。

导式，其定义如下：

（8）新的推导式（new derivation）

　　当工作空间中的集合数量较之前一阶段有所增加时，新的句法推导式进入句法运算。

简而言之，允许多个句法推导式在工作空间中进行独立运算，是 Cikto 和 Gračanin - Yuksek 所构建的多重支配句法模型的显著特征。多重句法推导的理论优势在于能够有效地规避传统题元准则（θ-criterion）的限制。该准则限定一个名词短语只能获得一个语义角色，而在多重支配句法中，名词短语往往受到多个动词的共同支配，因此能够同时获得多种语义角色。而在多重推导式并行运算的条件下，名词短语独立地位于不同的句法推导式中，顺理成章地获得不同类型的语义角色。

2.2.2　合并类型及推导特征

多重支配结构的生成涉及三种句法操作：外部合并（external merge）、内部合并（internal merge）和平行合并（parallel merge）。这三种合并类型的操作方式各不相同，会对工作空间中的运算过程产生不同的影响。Cikto 和 Gračanin - Yuksek （2021：15 - 19）以词汇序列 ｛A，B，C，D，E，F｝ 为例来揭示这三种合并类型的具体操作过程以及对运算推导的影响。在句法运算进行之前，工作空间中没有任何句法成分生成，集合数量为 0，如图 2 - 2 所示：

图 2 - 2　工作空间初始阶段示意图

当进行推导运算时，运算系统首先从词汇序列中提取词汇项目 A 和 B，通过外部合并生成句法集合 {A，B}，然后再提取词汇项目 C，通过外部合并生成句法集合 {C，{A，B}}，这一推导过程如图 2-3 所示：

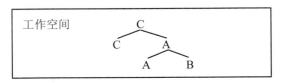

图 2-3　工作空间中外部合并示意图

当生成集合 {A，B} 时，工作空间中的集合数量为 1，较之初始阶段增加了 1，因此生成了一个新的句法推导式。而当句法集合 {C，{A，B}} 生成时，外部合并仅仅扩大了句法结构的规模，工作空间中的集合数量较之前一阶段没有变化，因此并无新的句法推导式生成。由于词汇项目 A、B 和 C 已经参与句法运算，词汇序列只剩下 {D，E，F} 三个词汇项目。此时，句法结构中的句法实体 A 可以与根部节点 C 进行内部合并，形成句法集合 {A，{C，{A，B}}}。由于内部合并没有增加工作空间中的集合数量，这一阶段也没有形成新的句法推导式，如图 2-4 所示：

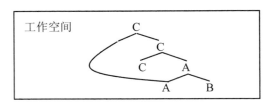

图 2-4　工作空间中内部合并示意图

假设运算系统在下一阶段从词汇序列 {D，E，F} 中提取句法实体 D 和 E，并将其在工作空间中进行外部合并，将会形成独立的句法集合 {D，E}，从而使工作空间中集合的数量增加了 1 个，导致新的句法推导式的形成。如果运算系统在下一阶段将句法集合 {D，E} 和 {A，{C，{A，B}}}再次进行外部合并，将进一步形成单一的句法集合 {{A，{C，{A，B}}}，{D，E}}，从而使工作空间中的集合数量减少了 1 个。整个过程如图 2－5 所示：

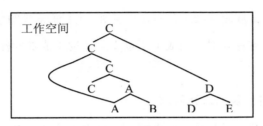

图 2－5　工作空间中外部合并示意图

在这一阶段，词汇序列中只剩下一个词汇项目 {F}。如果运算系统将 F 与 E 进行平行合并，则会生成一个新的句法集合 {E，F}，从而使工作空间中的集合数量增加了 1 个，导致新的句法推导式的形成。如果进一步将集合 {E，F} 与上一阶段所形成的句法集合 {{A，{C，{A，B}}}，{D，E}} 再次进行外部合并，将会形成一个新的单一的句法集合 {{{A，{C，{A，B}}}，{D，E}}，{E，F}}，使工作空间中的集合数量再次减少为 1 个。此时，词汇序列中的词汇项目全部参与句法运算，句法推导过程结束。整个过程如图 2－6 所示：

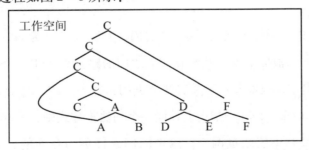

图 2－6　工作空间中平行合并和外部合并示意图

可以看出，外部合并既可以增加工作空间中的集合数量，从而导致新的句法推导式的生成，也可以仅仅扩大句法结构的规模而保持工作空间中集合的数量不变，还可以减少工作空间中的集合数量。内部合并总是扩大句法结构的规模，不会导致新的句法推导式的生成。而平行合并总是会生成新的句法集合，从而导致工作空间中新的句法推导式的生成。三种合并方式相互协同，各有分工，构成了多重支配结构生成的操作要件。

2.2.3　合并运算的二元限制

合并运算的二元限制是多重支配句法对合并操作所施加的深层次制约条件。Cikto 和 Gračanin – Yuksek 认为，合并运算的二元限制旨在限制合并操作所涉及的句法位置（syntactic position）的数量，而不是句法实体的数量。句法实体的句法位置由该句法实体所在的根部节点到其姊妹节点之间的路径（path）所定义。比如在图 2 – 7 中，DP_1 和 DP_2 拥有不同的句法位置：

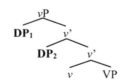

图 2 – 7　句法位置示意图

DP_1 和 DP_2 共同位于最大投射 vP 之内，其根部节点为 vP。DP_1 的姊妹节点为高位 v'，根部节点至其姊妹节点之间的路径为 $<vP, v'>$。DP_2 的姊妹节点为低位 v'，根部节点至其姊妹节点的路径为 $<vP, v', v'>$。Cikto 和 Gračanin – Yuksek（2021）指出，在同一个句法推导式中，一次合并操作所涉及的句法位置不能超过两个，这一限制条件称为合并的二元限制条件（Binarity Constraint on Merge，BiCoM）。外部合并遵循合并的二元限制条件，如图 2 - 8 所示：

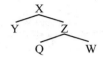

图 2 - 8 外部合并的二元限制情况

节点 X，Y，Z，Q 和 W 位于同一推导式中，初始运算将 Q 和 W 进行外部合并，生成集合 {Q，W}。这一外部合并操作涉及两个句法位置：Q 和 W，前者用路径节点表示为 < Z，W >，后者用路径节点表示为 < Z，Q >。Y 与 Z 的外部合并同样只涉及两个句法位置：Y 和 Z，分别由路径节点 < X，Z > 和 < X，Y > 表示。因此，外部合并总是涉及两个句法位置，遵循合并的二元限制条件。平行合并的情况如图 2 - 9 所示：

图 2 - 9 平行合并的二元限制情况

节点 Q 和 W 首先进行外部合并，生成集合 {Q，W}，这一过程涉及两个句法位置：Q（路径节点为 < Y，W >）和 W（路径节点为 < Y，Q >）。W 和 Z 之间的平行合并产生了新的句法集合 {W，Z}，增加了工作空间中集合的数量，形成了新的句法推导式。在新的句法推导式中，平行合并仍然只涉及两个句法位置：W 和 Z，前者的路径节点为 < X，Z >，后者的路径节点为 < X，W >。也就是说，共享节点 W 在每个句法推导式中均只涉及两个句法位置。因此，平行合并也遵循合并的二元限制条件。内部合并的情况如图 2 - 10 所示：

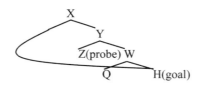

图 2 - 10 内部合并的二元限制情况

节点 Z 为探针（probe），节点 H 为目标（goal）二者之间存在一致关系。H 与 Y 的内部合并涉及三个句法位置：高位 H 位置（路径节点为 < X，Y >）、低位 H 位置（路径节点为 < X，Y，W，Q >）和 Y 位置（路径节点为 < X，H >）。Cikto 和 Gračanin - Yuksek（2021：55）通过"搜寻路径"（search path）将高位 H 节点和低位 H 节点进行了区分，指出只有和探针搜寻路径存在共享节点的句法位置才会被运算系统所涉及。探针 Z 的搜寻路径为 < Q，H >，与低位 H 位置共享节点 Q，而与高位 H 位置之间不存在共享节点。因此，H 的内部合并只涉及低位 H 位置和 Y 位置，同样遵循合并的二元限制条件。

如果一个句法实体同时进行了平行合并和内部合并操作，则情况略显复杂，如图 2 - 11 所示：

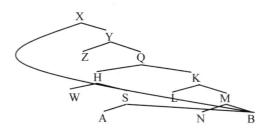

图 2 - 11 平行合并和内部合并的二元限制情况

节点 B 与节点 N 进行外部合并之后，与节点 A 进行平行合并，并与节点 Y 进行内部合并。平行合并和内部合并过程在排除高位 B 位置之后（与探针 Z 的搜寻路径之间不存在共享节点），仍然涉及 Y 位置（路径节点为 < X，B >)，低位 B 位置（路径节点为 < X，Y，Q，H，S，A > ）和另外一个低位 B 位置（路径节点为 < X，Y，Q，K，M，N > ）三个句法位置，违反了合并的二元限制条件，导致结构不合乎语法。Cikto 和 Gračanin - Yuksek 引入"结构类并"（structural syncretism）这一概念，并论证了图 2 – 11 中的结构在特定情况下的合法性。结构类并是指两个句法位置拥有相同的直接句法环境（immediate syntactic environment），在结构上表现为定义两个句法位置的路径节点共享最后两个节点。也就是说，如果两个句法位置拥有相同的姊妹节点和母亲节点，这两个句法位置将发生结构类并，被运算系统视为同一个句法位置。如果低位 B 位置（路径节点为 < X，Y，Q，H，S，A > ）的直接句法环境与另外一个低位 B 位置（路径节点为 < X，Y，Q，K，M，N > ）的直接句法环境相同，即 < S，A > = < M，N > ，那么这两个位置将被运算系统视为同一个句法位置。在发生结构类并的情况下，图 2 – 11 中的结构合乎语法。

合并的二元限制和结构类并是多重支配句法中极其重要的理论构件，在揭示多重支配结构的生成机制和解释句法操作的不平行性方面发挥着关键性作用。

2.3 二元合并操作的具体应用

2.3.1 ATB 结构的理论解释

以往对 ATB 结构合法性的解释大多采用规定性的限制条件进行描述：

（9）ATB 移位的平行性限制条件

ATB 移位的起始点必须是句法上平行的位置。

（Kasai，2004：181）

这一限制条件可以对下面的例子进行解释：

（10）a. I know a man$_i$ who Bill saw t_i and Mary liked t_i.

b. *I know a man$_i$ who Bill saw t_i and t_i liked Mary.

在（10）a 中，名词短语"a man"同时从"saw"和"liked"的宾语位置进行 ATB 移位，这两个位置在句法上是相互平行的位置，因此结构合乎语法。而在（10）b 中，名词短语"a man"从"saw"的宾语位置和"liked"的主语位置进行 ATB 移位，违反了 ATB 移位的平行性限制条件，导致结构不合乎语法。尽管 ATB 移位的平行性限制条件能够对例（10）中的句子进行解释，该条件仍然呈现出以下弊端：首先，该限制条件在本质上是规定性的，特设性较强，缺乏普遍适用性。其次，该限制条件无法解释 ATB 结构和 RNR 结构之间的区别。此外，该限制条件无法解释以下 ATB 移位现象：

（11）a. *This is the man who$_i$ [$_{TP}$John hired t_i] and [$_{TP}t_i$ impressed by Marry].

b. This is the man who$_i$ [$_{TP}$Bill t_i thinks [$_{CP}$John hired t_i]] and [$_{TP}$Sue t_i thinks [$_{CP}t_i$ impressed by Marry]].

（12）a. *She is someone OP$_i$ that cooking amuses t_i and t_i hates jogging.

b. She is someone OP$_i$ that cooking amuses t_i and, for all intents and according to her personal trainer, t_i hates jogging.

（Bruening，2010：55）

例（11）和（12）中的 ATB 移位均违反了平行性限制条件，但其中的 b 项合乎语法。（11）b 中的并列成分中加入的嵌入结构，（12）b 中添加了副词性结构，使得原本不合乎语法的句子合乎语法。合并的二元限制条件和结构类并不但能够清晰地揭示 ATB 结构的生成机制，还能够为（11）和（12）中的改善效应（ameliorating effect）提供解释。比如（10）a 中关系从句的结构推导如图 2 – 12 所示：

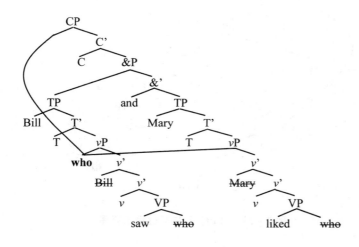

图 2 – 12　（10）a 推导过程示意图

（10）a 中两个并列的 TP 通过并列投射 "&P" 进行连接，"who" 在 vP 的标识语位置进行平行合并之后，通过内部合并提升移位至 CP 的标识语位置。"who" 在内部合并操作过程中占据四个句法位置：第一个并列 TP 小句的［Spec, vP］位置（路径节点为 < CP, C', &P, TP, T', vP, v'>），第二个并列 TP 小句的［Spec, vP］位置（路径节点为 < CP, C', &P, &', TP, T', vP, v'>），［Spec, CP］位置（路径节点为 < CP, C'>）和 C' 位置（路径节点为 < CP, DP >）。由于［Spec, CP］位置与探针 C 的搜寻路径不相重合，该位置被运算系统排除在外。在两个并列的 TP 小句中，"who" 的句法位置共享直接句法环境，即路径节点中的最后两个节点均为 < vP, v'>。因此，这两个句法位置发生了结构类并，被运算系统视为

同一句法位置。因此，在进行最后一次内部合并操作时，"who" 仅涉及 C'
位置和 vP 的标识语两个位置，符合合并的二元限制条件，运算合乎语法。
与之相比，（10）b 的推导过程如图 2 - 13 所示：

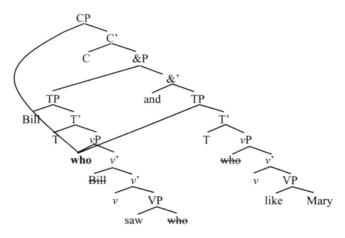

图 2 - 13 （10）b 推导过程示意图

　　和（10）a 相比，（10）b 中 "who" 在进行最后一次内部合并操作时
涉及四个句法位置：CP 的标识语位置（路径节点为 <CP，C'>），C' 位置
（路径节点为 <CP，DP>），第一个 TP 小句的 ［Spec，vP］ 位置（路径节
点为 <CP，C'，&P，TP，T'，vP，v'>），第二个 TP 小句的标识语位置（路
径节点为 <CP，C'，&P，&'，TP，T'>）。尽管 CP 的标识语位置被运算系统
排除，［Spec，vP］ 位置和 ［Spec，TP］ 位置由于不能共享直接句法环境
（前者为 <vP，v'>，后者为 <TP，T'>），二者之间不能发生结构类并。
因此，最后一次合并操作仍然涉及三个句法位置，违反了合并的二元限制
条件，导致结构不合乎语法。

　　（11）b 和（12）b 的合法性也可以通过结构类并得到解释。在（11）
b 中，嵌入性的 CP 小句为相互并列的两个 TP 小句中提供了额外的句法结
构，为合并过程中的结构类并提供了结构上的保障，因此使推导过程合乎

语法，（11）b 中关系从句的推导过程如图 2 – 14 所示：

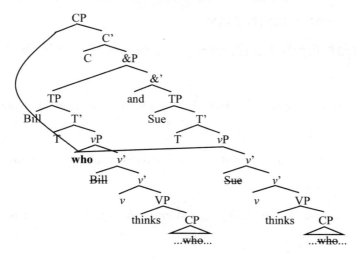

图 2 – 14　（11）b 推导过程示意图

在（11）b 中，由于相互并列的两个 TP 小句中嵌入了新的谓语动词，使第二个 TP 结构中增加了一个 vP 结构。这种结构上的扩展为结构类并提供了结构上的依据（共享直接句法环境 <vP，v'>）。因此，"who" 的最后一步内部合并操作仅涉及主句 C' 位置和结构类并位置，符合合并的二元限制条件。（12）b 的推导过程同样可以通过结构类并和合并的二元限制条件得到解释，（12）b 的推导过程简要表示为（13）：

（13）She is someone $[_{CP}$ OP$_i$ $[_{CP}$ t_i that $[_{TP}$ cooking amuses $t_i]]]$ and,

$[_{CP}$ t_i according to her personal trainer, $[_{TP}$ t_i hates jogging$]]]$.

在（13）中，副词短语 "according to her personal trainer" 的嵌入使第二个并列 TP 小句中增加了一层 CP 结构，为结构类并提供了结构上的保障（共享直接句法环境 <CP，C>）。空算子（null operator）OP 的 ATB 移位仅涉及主句 C' 位置和结构类并位置，符合合并的二元限制条件。

2.3.2 RNR 结构的理论解释

RNR 结构最为显著的特征在于，其生成过程不受平行性条件的限制，比如：

（14） a. Pat reviewed __ and Chris edited __ , a paper by a famous lin-
guist.

b. Everyone expected __ , and into room walked __ , a guy in a blue
suit.

c. Into room walked __ , and everyone expected __ , a guy in a blue
shirt.

在（14）a 中，名词短语在并列结构中占据平行位置（均为宾语位置），在（14）b 中，名词短语在并列结构中分别占据宾语位置和主语位置，而在（14）c 中，名词短语在并列结构中分别占据主语位置和宾语位置。尽管名词短语在（14）b 和（14）c 中占据不平行的句法位置，推导过程仍然合乎语法。Cikto 和 Gračanin - Yuksek（2021：65）将（14）c 的推导过程描写如图 2 - 15 所示：

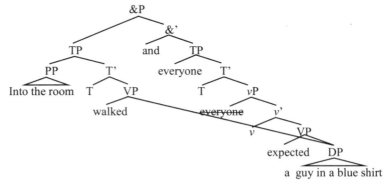

图 2 - 15 （14）c 推导过程示意图

在上图中，名词短语受到动词"walked"和"expected"的共同支配。DP"a guy in a blue shirt"首先与动词"expected"外部合并，然后与动词"walked"进行平行合并。由于平行合并总是能够产生新的推导式，名词短语在不同的句法推导式中进行独立运算。在第一个并列 TP 小句中，合并涉及 V 和 DP 两个句法位置，在第二个并列 TP 小句中，合并同样涉及 V 和 DP 两个句法位置，符合合并运算的二元限制条件。与 ATB 结构不同的是，名词短语在进行外部合并和平行合并之后，保持在原位不动，不再进行任何句法操作。因此，RNR 结构不需要通过结构类并来满足合并的二元限制条件，推导过程合乎语法。由于 RNR 结构的生成过程仅涉及外部合并和平行合并这两种合并操作，名词短语总是在不同的句法推导式中进行独立运算，句法操作总是能够满足合并的二元限制条件。因此，并列成分的数量并不影响 RNR 结构的合法性，下例是拥有三项并列成分的 RNR 结构：

（15）a. Josh was looking for __ , Maria was waiting in __ , and reporters were trying to find __ , Joss's office.　　（Sabbagh，2007：376）

　　b. Joss wrote __ , Mary was reviewing __ , and Paul wanted to read __ , a paper about semiotics.　　（Sabbagh，2014：26）

2.3.3 循序式移位的重新诠释

循序式移位（successive – cyclic movement）指句法实体通过内部合并阶段性地从较低的句法位置逐步提升移位至较高的句法位置，比如：

（16）$[_{CP}$ What$_i$ did Mary $[_{vP}$ t_i say $[_{CP}$ t_i that Peter $[_{vP}t_i$ borrowed $t_i]]]]$？

"what"从动词"borrowed"的宾语位置经过嵌入小句 vP 的标识语位置、嵌入小句 CP 的标识语位置和主句 vP 的标识语位置逐步提升移位至主句 CP 的标识语位置。主流生成学派通过移位的复制理论为循序式移位提供解释，而多重支配句法将循序式移位视为多重支配结构，并通过合并的二元限制条件和句法运算的局域性原则为其提供解释。（16）中嵌入小句CP的推导模式如图2－16所示：

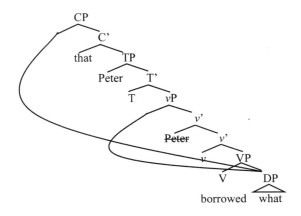

图2－16　（16）中嵌入小句CP的推导模式图

当vP短语生成时，DP"what"的内部合并操作涉及两个句法位置：动词宾语位置（路径节点为 <vP, v', v', VP, V > ）和高位v'位置（路径节点为 <vP, DP > ）。由于vP的标识语位置与探针v的搜寻路径之间不存在共享节点，该位置被运算系统排除，内部合并操作合乎语法。但DP和C'之间的内部合并操作涉及三个句法位置：C'位置（路径节点为 < CP, DP > ），vP的标识语位置（路径节点为 < CP, C', TP, T', vP, v' > ）和动词的宾语位置（路径节点为 < CP, C', TP, T', vP, v', v', VP, V > ）。由于CP的标识语位置与探针C的搜寻路径之间不存在共享节点，该位置被运算系统排除。尽管如此，DP与C'的内部合并操作仍然涉及三个句法位置，违反了合并的二元限制条件。在向更高的句法位置进行内部移位的过程中，内部合并操作必然涉及更多的句法位置，仍然违反合并的二元限制条件。Cikto 和 Gračanin－Yuksek（2021：96）从句法运算的局域性出发，假设只有距离探针最近的句法位置才能被运算系统所涉及。因此，在图 2 – 16 中，探针 C 的搜寻路径涉及两个句法位置：

（17）a. vP 的标识语位置，路径节点为 < CP，C'，TP，T'，vP，v' >

　　　　b. 动词的宾语位置，路径节点为 < CP，C'，TP，T'，vP，v'，v'，VP，DP >

显而易见，vP 的标识语位置距离探针 C 最近，能够被运算系统所涉及。因此在生成嵌入性 CP 的操作中，内部合并仅涉及 C' 位置和［Spec，vP］两个句法位置，符合合并的二元限制条件，推导合乎语法。在后续的内部合并操作中，高位探针总是涉及距离其最近的句法位置，因此，后续的内部合并操作总是涉及两个句法位置，句法运算合乎语法。

2.4　《合并：多重支配句法中的二元限制》（2021）内容介绍及理论简评

2.4.1　主要内容

《合并：多重支配句法中的二元限制》一书共分为七章。

第一章"引言"将 ATB 结构和 RNR 结构作为本书的研究对象，并明确了该书的研究目的，即在多重支配句法的框架下探索合并操作的本质特征及深层次限制条件。

第二章"理论背景"对多重句法的运算系统进行了描写，介绍了工作空间、推导阶段、句法推导式、句法位置等相关概念，阐述了工作空间中新的句法推导式产生的前提条件，并详细描写了外部合并、内部合并和平行合并在工作空间中的运算特点。

第三章"ATB 结构和 RNR 结构中的（不）平行性"主要对比 ATB 结构和 RNR 结构的句法差异。选用的语料主要是英语，偶涉波兰语和克罗地亚语。本章指出，受到多重支配的名词短语在 ATB 结构中必须占据平行的句法位置，而在 RNR 结构中，受到多重支配的名词短语不需要占据平行的句法位置。也就是说，ATB 结构的推导受到平行性条件的限制，而 RNR 结构无此限制。

第四章"合并的二元限制条件"提出了合并的二元限制条件 BiCoM，指出一次合并操作不能涉及两个以上的句法位置。在 ATB 结构的推导过程中，受到多重支配的名词短语在两个推导式合二为一之后进行内部合并。如果名词短语在两个并列小句中占据不平行的句法位置，内部合并操作则会涉及三个句法位置，违反了合并的二元限制条件，从而导致结构不合乎语法。RNR 结构不涉及后续的内部合并操作，符合合并的二元限制条件。

第五章"二元限制条件的规避"主要通过"结构类并"这一操作为合乎语法的 ATB 结构提供解释。在合乎语法的 ATB 结构中，受到多重支配的名词短语在并列小句中占据平行的句法位置。句法位置的平行性使得位于并列小句中的名词短语共享直接句法环境，引发结构类并，使运算系统将二者视为同一个句法位置，从而满足合并的二元限制条件的要求。随后，作者通过结构类并和局域性限制重新解释了循序式移位的推导过程。

第六章"结构类并的后果"主要针对更为复杂的 ATB 结构进行解释。主要涉及 ATB 结构中并列小句中的嵌入、空移位（vacuous movement）、副词效应、向宾语移位（raising to object）等现象。这些操作均可以提高 ATB 结构的合法度，其精髓在于，这些操作要么可以提供额外的句法结构，要么可以使名词短语占据平行的句法位置，从而为结构类并提供条件。结构类并使得句法操作满足合并的二元限制条件，从而使推导运算合乎语法。

第七章"结论"主要概括了本书的研究内容和创新之处。

2.4.2 简要评价

本书的学术价值及理论创新主要体现在以下三个方面：

第一，承认多重支配结构的理论地位，并在多重支配句法的理论框架下对 ATB 结构和 RNR 结构展开研究，推动了多重支配句法在形式句法学领域内的发展。作者认为内嵌于人类大脑中的语言运算系统能够生成多重支配性的结构表征，进一步深化了人们对于语言官能（language faculty）的理解。

第二，本书对句法操作的二元性进行了更为深入地挖掘，指出二元限制是对句法操作所涉及的句法位置数量的限制，而不是对句法实体数量的限制。本书所构建的合并的二元限制条件 BiCoM 是一种更为隐性的限制性条件，其在对合并操作进行限制的同时，进一步提高了句法理论的解释力。

第三，本书提出了一系列崭新的理论概念和操作方式，进一步优化了自然语言的运算机制。推导阶段、句法位置、路径节点、搜寻路径、直接句法环境等新的理论概念和平行合并、结构类并、新的句法推导式生成等新的操作方式为运算系统的优化提供了更为新颖的理论视角和操作方式，为运算系统的进一步优化提供了启示。

尽管深化了人们对于合并操作本质的认识，并提出了一系列颇具启示意义的操作方式，本书仍然存在一些不足之处和提升空间，具体表现为以下两点：

第一，本书在研究过程仅涉及英语、波兰语和克罗地亚语三种语言，语料略显单一，尤其缺少以汉语为代表的东方语言，这在一定程度上削弱了理论研究的普适性与说服力。在今后的研究中，应该尽可能地拓展语料范围，以提高语言理论的普遍性与兼容性。

第二，尽管结构类并在解释 ATB 移位和循序式移位方面具有重要的理论作用，其并不能为所有的移位类型提供有效的评估。比如，在合乎语法的移位模式 $[_{CP}WH_i\ [_{CP}\ t_i\ [_{CP}\ t_i\ [_{TP}\ t_i]]]]$ 中，WH 在与根部投射进行合并之前，WH 占据三个句法位置，仅有两个嵌入性的 [Spec，CP] 位置发进行了结构类并。当推导完成时，WH 涉及三个句法位置：C'，[Spec，CP] 和 [Spec，TP]。由于这一移位过程违反了合并的二元限制原则，将被误判为不合乎语法的移位方式。因此，应当进一步提高句法运算的逻辑性与准确性。

总的来说，本书的研究深化了人们对于合并操作本质的理解，为句法运算和语言官能的研究提供了深刻的理论启示。

2.5　本章小结

本章对合并的二元限制条件在多重支配句法中的表现进行了介绍。2.1 节明确了多重支配句法的结构形式及范围，并指出 ATB 结构和 RNR 结构具有跨语言普遍性。2.2 节描写了多重支配句法的运算模型，阐述了合并的主要类型以及不同类型的合并对工作空间中推导式的影响，并详细解释了合并的二元限制条件的内涵。2.3 节主要通过合并的二元限制条件和结构类并为 ATB 结构、RNR 结构和循序式移位提供解释。结构类并能够使 ATB 结构中的内部合并操作符合合并的二元限制条件的要求，从而使推导合乎语法。RNR 结构中的名词短语在进行平行合并后停留在原位，同样遵守合并的二元限制条件。循序式移位则在局域性限制和合并的二元限制条件下得到解释。2.4 节对《合并：多重支配句法中的二元限制》一书进行了简要的介绍与评价。

第三章

关系句法：基于句法关系的推导模型

3.1 理论背景

基于结构成分（constituent）的句法运算一直是主流生成学派秉持的理论原则。在基于结构成分的推导模型中，句法成分通过合并和移位操作，循序渐进地生成句子结构，疑问句"What will John do?"的推导过程如图 3 - 1 所示；

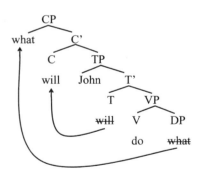

图3-1 基于结构成分的句法推导

在图 3 - 1 中，$[_{VP}\ [_V do]\ [_{DP} what]]$ 和 $[_{T'}\ [_T will]\ [_{VP}\ [_V do]\ [_{DP} what]]]$ 为带标签的结构成分（labeled constituent），这些结构成分按照传统 X - bar 理论的结构图式，通过二元合并的方式循序渐进地生成句法

结构。"what"和"will"通过移位的方式分别提升至中心语 C 和 CP 的标识语位置，原位置上的拷贝被运算系统删略，形成"What will John do?"这一表层线性序列。

在生成语法漫长的发展历程中，结构成分一直都是句法运算中的基元性成分，在句法推导和结构生成过程中发挥着至关重要的理论作用。离开了结构成分，句法结构的推导生成便无从谈起。但结构成分的概念是如何产生的，又是如何在人类大脑的认知系统中出现的，结构成分是否是句法运算中的基元性成分，是否能够从更为基本的概念中推导出来，这些问题一直未能得到回答。

就其本质而言，人类的语言是一种存储语音和语义信息的认知系统，其基本单位是存储于心智词库中的词汇项目。在这个系统中，最少存在两个接口层级 SEM 和 PHON，分别为概念－意向系统（conceptual-intentional system，CI）和感觉运动系统（sensorimotor system，SM）提供信息。人类语言的运算系统 C_{HL} 需要满足可读性条件（Legibility Condition），即由语言运算系统所生成的语言表达式能够被大脑中的其他系统正确解读，从而为人类的思想和行为提供指令。Chomsky（2000，2001b）指出，自然语言是可读性条件的最优解决方案。也就是说，自然语言具有最为优化的设计方案。那么，这一最为优化的设计方案的构成要素是什么，结构成分以及合并移位等操作能否从更为精简的操作方式中推导出来，这些问题亟待解决。有鉴于此，美国康奈尔大学语言学系教授 John Bowers 为这些问题提供了答案。John Bowers（2010，2018）吸收了关系语法模型中的合理因素，将"关系"（relation）引入生成语法研究，把句法关系视为句法运算的基元性成分，进一步简化了自然语言的运算过程，为生成语法的理论模型及操作方式带来了重要变革。

实际上，从语法关系的视角研究语言的理论框架纷繁多样，比如关系语法（Relational Grammar）（Perlmutter，1983；Perlimutter and Rosen，1984），依存语法（Dependency Grammar）（Tesnière，1959；Hays，1964；Robinson，1970；Abney，1995），词语法（Word Grammar）（Hudson，1990），形式依存语法（Form Dependency Grammar）（Manzini，1995）等。但整体来看，这些理论框架并不为主流生成学派所接受。原因在于以句法关系为根基的理论模型主要关注句法表征，生成性较弱，并在处理语言结构的线性序列方面显得无能为力。此外，现有的关系语法模型与生成语法中的 X – bar 结构图式并不兼容，并无法将词汇性中心语和功能性中心语等极其重要的语类纳入自身的理论框架。而 John Bowers 则以生成语法为蓝本，将关系语法中的精髓部分纳入生成语法的理论框架，从而构建出一种基于句法关系的、极为精简的研究范式。

John Bowers 的思想精髓集中体现在其于 2018 年出版的《推导句法关系》（*Deriving Syntactic Relations*）一书中。该书由英国剑桥大学出版社出版，是剑桥语言研究（Cambridge Studies in Linguistics）系列专著中的第151 部。在该书中，John Bowers 构建了基于关系的句法运算模型，并对以往的语言现象进行了重新诠释。

3.2　理论模型及操作要件

3.2.1　合并和移位操作的剔除

基于关系的句法推导模型仍然沿袭了传统生成语法中的"倒 Y"模式，只是对狭式句法（narrow syntax）中的运算方式和拼出（spell-out）方式做出了变革。在关系句法的理论框架下，主流生成学派所秉持的合并和移位操作被"构成关系"（Form Relation，FR）①这一操作方式所取代，自然语言中的三种基本的非对称关系（词汇投射，论元选择和修饰关系）均通过构成关系这一操作推导生成。构成关系的操作需要满足"即时满足"（Immediate Gratification，IG）这一条件的限制，这一条件要求中心的选择特征尽快得到满足。在构成关系操作和即时满足条件的互动作用下，句法结构按照自下而上的方式循序渐进地生成。

　　基于关系的句法推导模型首先将合并与移位操作从狭式句法中剔除，取而代之的操作方式为二元性的"构成关系"（FR），FR 和拼出操作同时进行，逐步拼出词汇的表层线性序列。构成关系和拼出操作定义如下（Bowers，2018：9，14）：

　　（1）FR（α，β）= ＜α，β＞

　　（2）拼出操作：对于句法关系 ＜α，β＞，在语音层面 PF（α）居前于
　　　　PF（β）：＜α，β＞→PF（α）－PF（β）．

　　　　即：拼出 ＜α，β＞→α－β

　　对于拼出操作（1）来说，FR 从词汇序列中选出词汇项目 α 和 β，组成有序对 ＜α，β＞，β 需要满足 α 的选择特征。如果一个词项含有未被满足的选择特征，那么这个词项是未饱和（unsaturated）词项，当一个词项所有的选择特征得到满足时，这个词项是饱和（saturated）词项（Collins，2002）。以动词短语"read the books"为例，运算系统首先从词汇序列中选出词项"the"和"books"。由于"the"是中心语，其选择名词"books"。因此，"the"是未饱和词项，"books"是饱和词项。构成关系 FR 运算如下：

---

①　John Bowers（2000）最先使用了这一术语。类似的操作方式有"建立关系"（Establish Rel）（Collins and Ura，2001），"形式依存"（Form Dependency）（Manzini，1995；Manzini and Savoia，2011）等。

（3）从词汇序列中选择 the 和 books。

中心语：the（未饱和）；books（饱和）

PF（the）＝the；PF（books）＝books

FR（the，books）＝＜the books＞→the books

中心语"the"选择名词"books"之后，其选择特征得到了满足。只有当中心语所有的选择特征都得到满足时，新的中心语才能够进入句法推导（Chomsky，2000：132）。构成关系操作使"the"和"books"成为有序对＜the books＞，拼出操作将这一有序对拼出为线性形式the books。由于"the"的选择特征得到了满足，新的中心语"read"进入句法推导，形成新的句法关系。具体过程如下：

（4）从词汇序列中选出词项"read"，从＜the books＞中选出"the"。

中心语：read（未饱和）；the（饱和）

PF（read）＝read；PF（the）＝the－books

FR（read，the）＝＜read，the＞→read－the－books

由于"the"的选择特征得到了满足，新的词项"read"进入句法推导，并与之前已经与"books"形成句法关系的"the"构成新的关系＜read，the＞。根据（2）中的拼出方式，拼出表层语音形式read－the－books。通过这种推导方式，关系句法将合并操作从句法运算中剔除，并同时取消了中心语移位操作和成分移位操作。中心语移位操作的取消过程如下：

（5）a. ＜the，books＞　　　　　　the－books

b. ＜read，the＞　　　　　　read－the－books

c. ＜v，read＞　　　　　　　?－read－the－books

在由（5）所示的推导过程中，轻动词"v"不具备语音形式，而只有具备语音形式的词汇项目才能在感觉运动接口处获得解释。Bowers（2018：

17）设定了以下操作方式：

（6）FR（［α：］，［β：β］）＝＜［α：β］，［β：β］＞→β－β

也就是说，在有序对＜α，β＞中，如果α不具备语音形式，那么FR就将β的语音形式赋予α。那么，（5）中第三阶段的推导可以表示为（7）：

（7）＜［v：read］，［V：read］＞→read－read－the－books

这样，中心语移位就被关系推导所取代。接下来，句法关系＜the，boys＞继续进行推导，并成为"read"的论元进入句法运算：

（8）d.＜［D：the］，［N：boys］＞→the boys

e.＜［v：read］，［D：the］＞→the－boys－read－read－the－books

Bowers（2018：15）假设，第二个被中心语选择的词项的语音形式位于中心语之前（这一假设后来被修正）。由于中心语"read"首先选择"the books"，而"the boys"是其第二选项，"the boys"的语音形式位于"read"之前，形成"the－boys－read－read－the－books"这一表层序列。通过这种方式，中心语移位也被关系化的推导操作所取代。接着，词项"will"进入句法推导，形成（9）：

（9）f.＜will，v＞　　　　will－the－boys－read－read－the－books

在此，Bowers摈弃的传统的"EPP"解释方案，转而假设T除了选择vP之外，同时具有第二选择特征，即需要与一个DP建立句法关系。但这一个选择特征是非题元性的（athematic），也就是说，T不具备指派题元角色的能力。这就从根本上排除了其他的名词短语进入句法运算的可能性。因此，T只能在先前的运算推导中选择合适的DP短语。由于"the boys"已经获得了题元角色，并且距离T较近（和"the books"相比），T选择"the boys"中的"the"构成新的句法关系，在实施拼出操作之后，生成（10）：

（10）g. <will, the > 　the－boys－will－the－boys－read－read－the－books

至此，成分移位操作也被基于关系的句法推导所取代。可以看出，基于成分的合并和移位操作在关系句法的理论框架下被构成关系这一操作所取代。构成关系的操作是循序性的，和拼出操作同时进行，由 PHON 和 SEM 接口所施加的可读性条件则规约着词汇项目线性序列的外在表现。

3.2.2　基于关系的推导模型

尽管上节所提到的 FR 和拼出操作取消了合并和移位的理论地位，构筑了关系句法模型的雏形，其操作方式仍然存在一些弊端，亟须改进：第一，在拼出方式上，中心语所选择的词汇项目存在拼出方向不一致的情况，比如，"read" 所选择的第一个词汇项目 "the books" 拼出在其之后，而其所选择的第二个词汇项目 "the boys" 则拼出在其之前，才能生成"the boys read the books"。第二，3.2.1 节中构建的关系推导模式不够明晰，无法从结构上展示句法实体的生成过程。因此，Bowers（2018：35－43）进一步提出了一系列假设，修正了拼出方式，构建出一套完整的自下而上的关系句法理论。

关系句法模型基于以下基本假设：第一，在语类方面，VP 投射之上的所有中心语均为 v 的不同变体。因此，C 是具有标句词特征的 v，T 是具有时态和一致特征的 v，轻动词 v 则是带有 [ag] 特征的 v。第二，每一个可扩展性投射（extended projection）的最初元素是一词根（lexical root），也就是说，词汇项目以词根的形式进入句法推导。第三，句法推导以自下而上的方式进行，功能性中心语位于词汇性中心语的上方。第四，中心语选择的方向与传统句法运算相反，即轻动词 v 选择 T，T 选择 C。以 "she will kiss him" 为例，其推导过程如图 3－2 所示：

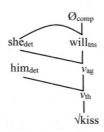

图 3 - 2　"she will kiss him" 生成示意图

词根 $\sqrt{}$ kiss 选择 v_{th}，v_{th} 选择 him_{det} 和 v_{ag}，选择 she_{det} 和 will_{tns}，$\varnothing_{\text{comp}}$ 不选择任何成分。推导步骤如（11）所示：

(11) a. $<\sqrt{}\text{kiss},\ v_{\text{th}}>$

　　 b. $<v_{\text{th}},\ \text{him}_{\text{det}}>$

　　 c. $<v_{\text{th}},\ v_{\text{ag}}>$

　　 d. $<v_{\text{ag}},\ \text{she}_{\text{det}}>$

　　 e. $<v_{\text{ag}},\ \text{will}_{\text{tns}}>$

　　 f. $<\text{will}_{\text{tns}},\ \text{she}_{\text{det}}>$

　　 g. $<\text{will}_{\text{tns}},\ \varnothing_{\text{comp}}>$

在（11）中，v_{th}、v_{ag} 和 will_{tns} 均含有两个选择特征，一个是论元特征，即需要选择一个 DP，另一个是词汇投射特征，即需要选择一个词汇投射①。在选择顺序上，v_{th}、v_{ag} 和 will_{tns} 等中心语总是先选择一个论元，再选择词汇投射，这与"即时满足"的精神相契合。因为如果中心语 v_{th} 首先选择了 v_{ag}，根据"即时满足"原则，v_{ag} 的选择特征需要被立即满足。在这种情况下，v_{th} 就没有机会去选择其论元 him_{det}。此外，为了保证句法推导自下而上依次生成，并兼顾拼出操作的一致性，关系推导的拼出操作被修正如

———————

① Bowers（2018）将功能性的 v_{th}、v_{ag}、will_{tns}、$\varnothing_{\text{comp}}$ 等投射称为词汇投射（lexical projection）。

下（Bowers，2018：40）：

(12) a. FR（[α：α]，[β：]）=<[α：α]，[β：α]>，β是词
汇投射语类。

b. 拼出：<α，β>→PF（β）−PF（α）

(12) a是说，如果一个拥有语音形式的α中心语α选择了一个没有语
音形式的词汇投射β，那么FR将自动地将语音形式α赋予β。（12）b是
修正后的拼出方式，即被选择的词汇项目的语音形式总是居前于中心语的
语音形式。我们可以将"she will kiss him"完整的关系推导过程描写如下：

(13) a. $<\sqrt{}\text{kiss}，\text{kiss}_{th}>$ 　　　　　　　　kiss − ~~kiss~~

b. $<\text{kiss}_{th}，\text{him}>$ 　　　　　　　him − kiss − ~~kiss~~

c. $<\text{kiss}_{th}，\text{kiss}_{ag}>$ 　　　　　kiss − him − ~~kiss − kiss~~

d. $<\text{kiss}_{ag}，\text{she}>$ 　　　　she − kiss − him − ~~kiss − kiss~~

e. $<\text{kiss}_{ag}，\text{will}_{tns}>$ 　　will − she − kiss − him − ~~kiss − kiss~~

f. $<\text{will}_{ths}，\text{she}>$ 　she − will − ~~she~~ − kiss − him − ~~kiss − kiss~~

g. $<\text{will}_{tns}，\varnothing_{comp}>$ 　$\varnothing$ − she − will − ~~she~~ − kiss − him − ~~kiss − kiss~~

基于关系的句法推导以及拼出过程可以抽象为以下树形结构，如图
3 − 3所示（Bowers，2018：42）：

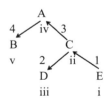

图3 − 3　基于关系的句法推导模型

箭头表示关系的选择，数字表示构成关系的顺序，罗马数字表示需要
进行线性化操作的节点的顺序。向上的箭头表示词汇投射的选择，向下的

箭头表示论元的选择。当一个词汇项目具有两个选择特征的时候（比如C），该词汇项目总是先选择论元，然后再选择词汇投射。运算系统将逐步地进行 FR 操作，并依次生成正确的线性顺序：

(14) a. < E, C >   <u>C</u> – <u>E</u>

     b. < C, D >   <u>D</u> – <u>C</u> – <u>E</u>

     c. < C, A >   <u>A</u> – <u>D</u> – <u>C</u> – <u>E</u>

     d. < A, B >   <u>B</u> – <u>A</u> – <u>D</u> – <u>C</u> – <u>E</u>

由于在推导中，只有最后一个拷贝具有语音形式，出于经济性的考虑，不需要将词汇项目所有的拷贝都展示出来。因此，"she will kiss him" 的关系推导过程如图 3 – 4 所示：

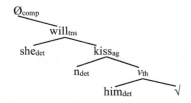

图 3 – 4 "she will kiss him" 关系推导示意图

v_{th} 和 $\sqrt{}$ 表示不具备语音形式的 "kiss"，被 $kiss_{ag}$ 所选择的论元 n_{det} 则表示不具备语音形式的 "she"。

3.2.3 词汇投射类型及论元分类

在关系句法的理论框架下，v、n、a 和 p 构成了句法推导的基本词汇类型，每种词汇类型拥有自身的最小语类（minimal category），并能够投射出自身的扩展性投射。对于 v 来说，其最小语类为 v_{pred}，其中的 "pred" 表示其具有谓语特性。由于 v_{pred} 可以对虚主语（expletive）进行选择（比如 "it rains"），其含有非题元特征。v_{pred} 向上投射出功能性的 v_{tns}、v_{inf} 和

v_{comp} 等投射，v_{pred} 向下则有选择性地投射出 v_{ag}、v_{th}、v_{aff}、v_{goal}、v_{source}、v_{instr}、v_{ben} 等语类，用来选择直接论元或间接论元。对于 n 来讲，其最小语类为 n_{nom}，"nom" 表示该投射指称现实中的实体存在。n_{nom} 向上投射出具有数量特征的 $n_{\#}$ 和具有限定特征的 n_{det}（Abney，1987），n_{nom} 所选择的论元位于其下方，由介词引入，名词短语 "the enemy's destruction of the city" 的结构如图 3 − 5 所示：

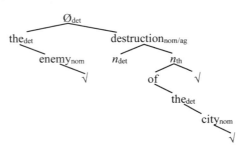

图 3 − 5　"the enemy's destruction of the city" 结构示意图

对于 a 来说，其最小语类为 a_{prop}，其中 "prop" 指的是该语类具有描写特征（property）。a_{prop} 可能具有论元选择特征，也可能不具有论元选择特征，这一点和 v_{pred} 类似。此外，与 n − 投射类似，a_{prop} 所选择的论元同样位于其下方，由介词引入。"I don't want him too fond of Mary" 中的形容词短语的结构形式如图 3 − 6 所示：

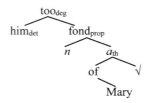

图 3 − 6　"too fond of Mary" 结构示意图

p 的最小语类为 p_rel，"rel" 表示指称物体之间的空间关系。p_rel 向上可以投射出 p_qual，以选择 "right" "straight" "directly" 等副词，向下则可以选择论元，生成诸如 "right on the table" 这样的结构。除了 n 之外，v、a 和 p 均含有非论元选择特征，在对论元进行选择的中心语中，论元选择的位置在其最小语类之下，最小语类之上则投射出形式各异的功能语类。

在论元类型方面，除了 DP 之外，关系句法将 CP、缺陷性小句（defective TP）、小句（small clause）和分词小句（participial small clause）均纳入论元类型。比如动词 "believe" 可以选择词汇投射 v_th，而 v_th 可选择 v_comp，进而生成 "They must believe that he will eat" 这样的句子，如图 3－7 所示：

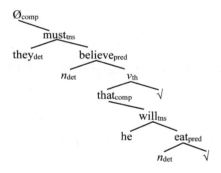

图 3－7　"They must believe that he will eat" 生成示意图

在上图中，v_comp 和 n_det 一样，没有需要满足的词汇投射特征（即不需要选择词汇投射）。因此，可将其视为论元。此外 "I believe [defective TP him to like cheese]" "This will [small clause make it cool]" 和 "He has been [participial small clause eating bagels]" 中的缺陷性小句、小句和分词小句均被视为论元，推导方式和图 3－7 类似。

在确定了基本词汇投射及论元类型之后，为了排除不合乎语法的结构的生成①，Bowers 对关系句法的推导模型进行了进一步的优化。他将词汇序列分为不同的次序列，并将推导的可及性纳入句法运算。句子"The boy will kiss the girl"将按照图 3-8 中的模式进行推导运算：

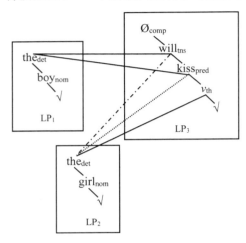

图 3-8　"The boy will kiss the girl"关系推导示意图

在图 3-8 中，LP 代表词汇投射，三个词汇投射分别属于三个词汇次序列中。"the boy"和"the girl"分别在 LP_1 和 LP_2 中推导生成。$kiss_{th}$ 选择

---

① 先前的关系推导在选择方面存在问题，比如"The boy will eat"的推导步骤如下：

(1) a. $< \sqrt{eat}, eat_{ag} >$ 　　　　　　eat – e̶a̶t̶

　　 b. $< \sqrt{boy}, boy_{nom} >$ 　　　　　boy – b̶o̶y̶

　　 c. $< boy_{nom}, the_{det} >$ 　　　　　the – boy – b̶o̶y̶

　　 d. $< eat_{ag}, the_{det} >$ 　　　　　the – boy – b̶o̶y̶ – eat – e̶a̶t̶

　　 e. $< eat_{ag}, will_{tns} >$ 　　　　　will – the – boy – b̶o̶y̶ – eat – e̶a̶t̶

　　 f. $< will_{tns}, the_{det} >$ 　　　　　?

　　 g. $< will_{tns}, \emptyset_{comp} >$

在步骤 f 中，$will_{tns}$ 与 the_{det} 构成关系，如果步骤 e 与步骤 d 结合，则生成不合乎语法的句子" * the – boy – b̶o̶y̶ – eat – e̶a̶t̶ – will – the – boy – b̶o̶y̶ – eat – e̶a̶t̶"。步骤 e 只有和步骤 c 结合，才能生成合乎语法的句子"the – boy – b̶o̶y̶ – will – the – boy – b̶o̶y̶ – eat – e̶a̶t̶"。

LP$_2$ 中的 the$_{det}$，从而满足自身所携带的论元选择特征，但 kiss$_{pred}$ 必须选择 LP$_1$ 中的 the$_{det}$ 去满足自身所携带的论元特征，而不能选择 LP$_2$ 中的 the$_{det}$。因为 LP$_2$ 中的"the girl"被 kiss$_{th}$ 选择，从而具有了题元特征（虚线代表不合乎语法的选择），不能再被其他中心语选择。而 will$_{tns}$ 只能选择 LP$_1$ 中的 the$_{det}$，而不能选择 LP$_2$ 中的 the$_{det}$，原因是和 LP$_1$ 中的 the$_{det}$ 相比，LP$_2$ 中的 the$_{det}$ 与 will 距离较远。也就是说，LP$_1$ 中的 the$_{det}$ 具有较强的可及性。Bowers（2018：84）将这种可及性概括为"语段可及性条件"（Phase Accessibility Condition，PAC），定义如下：

（15）语段可及性条件

　　假设 vP 是一语段，α 是其选择的论元，用来满足其论元选择特征。当 vP 所有的选择特征被满足时，其先前所选择的所有论元（除了 α 之外）均不能被构成关系操作 FR 所涉及。

语段可及性条件的运作机制如图 3 – 9 所示：

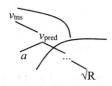

图 3 – 9　语段可及性条件运作机制

关系句法框架中的 v_{pred} 相当于轻动词 v。因此，当所有的选择特征被满足之后（即选择了论元 a 和词汇投射 v_{tns}），之前所选择的所有论元均不能被运算系统所涉及。语段可及性条件是关系句法中极为重要的局域性限制条件，在关系推导中起着至关重要的作用。

3.2.4　修饰关系的运算方式

修饰关系是关系句法中除论元选择和词汇投射之外的第三种句法关

系。论元被定义为被其他词项所选择的、所有选择特征均被满足的中心语，而词汇投射则被定义为被其他词项所选择的、含有未满足特征的中心语。也就是说，论元和词汇投射要被其他中心语所选择。关系句法对修饰语和修饰关系进行了定义，认为修饰语是包含未满足特征的、不被其他词项所选择的中心语，并认为在修饰关系中，修饰成分选择词汇投射，而不是词汇投射选择修饰成分。修饰关系的特点体现在以下三个方面：第一，修饰语只选择饱和性中心语（即所有选择特征均被满足），与被修饰成分的选择和投射特征无关。第二，拼出操作对修饰关系的方向不做预先的限制，修饰语可以位于被修饰成分的前面或者后面。第三，修饰语是可选性的，因为其不被其他词项选择。

由于修饰语不是论元，其作为第三维度，以垂直的方式进入句法推导，对被修饰成分进行选择，如图 3 – 10 所示（Bowers，2018：101）：

图 3 – 10　修饰关系推导示意图

x_i是词汇投射，选择 x_{i+1}，同时被 x_{i-1} 选择。y_{arg}是论元，其被 x_i 选择。z_{mod}是 x_i 的修饰语。操作顺序为 1. $< x_{i-1}, x_i >$；2. $< z_{mod}, x_i >$；3. $< x_i, y_{arg} >$；4. $< x_i, x_{i+1} >$。由于 z_{mod} 与 x_i 呈现出垂直关系，其在线性语序上可以位于 x_i 左侧或者右侧。这种语序上的灵活性可以解释副词在句中的不同分布以及语言之间的参数差异。比如（16）中的句子分别由（17）和（18）推导生成：

（16）a. He kicked the ball into the goal perfectly.

　　　b. He kicked the ball perfectly into the goal.

46

（17）a. $< \sqrt{\text{kick}}, v_{\text{goal}} >$ 　　　　　　　　　　　kick – k̶i̶c̶k̶

　　b. $< v_{\text{goal}}, \text{into} >$ 　　　　　　　　into – the – goal – kick – k̶i̶c̶k̶

　　c. $< v_{\text{goal}}, v_{\text{th}} >$ 　　　　　kick – into – the – goal – k̶i̶c̶k̶ – k̶i̶c̶k̶

　　d. $< v_{\text{th}}, \text{the} >$ 　　　the – ball – kick – into – the – goal – k̶i̶c̶k̶ – k̶i̶c̶k̶

　　e. $< v_{\text{th}}, v_{\text{tr}} >$ 　　kick – the – ball – kick – into – the – goal – k̶i̶c̶k̶ – k̶i̶c̶k̶

　　f. $< \text{perfectly}, v_{\text{tr}} >$

　　　　　　kick – the – ball – kick – into – the – goal – k̶i̶c̶k̶ – k̶i̶c̶k̶ – perfectly

　　g. $< v_{\text{tr}}, \text{the} >$

　　　the – ball – kick – the – ball – kick – into – the – goal – k̶i̶c̶k̶ – k̶i̶c̶k̶ – perfectly

　　h. $< v_{\text{tr}}, v_{\text{pred}} >$

　kick – the – ball – kick – the – ball – kick – into – the – goal – k̶i̶c̶k̶ – k̶i̶c̶k̶ – perfectly

　　i. $< v_{\text{pred}}, \text{he} >$

he – kick – the – ball – kick – the – ball – kick – into – the – goal – k̶i̶c̶k̶ – k̶i̶c̶k̶ – perfectly

在（17）的第 f 步中，"perfectly"被置于 v_{tr} 的右边，形成（16）a。如果"perfectly"被置于 v_{tr} 的左边，则生成（16）b，具体步骤如下：

（18）f'. $< \text{perfectly}, v_{\text{tr}} >$

　　　　　　perfectly – kick – the – ball – k̶i̶c̶k̶ – into – the – goal – k̶i̶c̶k̶ – k̶i̶c̶k̶

　　g'. $< v_{\text{tr}}, \text{the} >$

　　　the – ball – perfectly – kick – t̶h̶e̶ – b̶a̶l̶l̶ – k̶i̶c̶k̶ – into – the – goal – k̶i̶c̶k̶ – k̶i̶c̶k̶

　　h'. $< v_{\text{tr}}, v_{\text{pred}} >$

kick – the – ball – k̶i̶c̶k̶ – perfectly – t̶h̶e̶ – b̶a̶l̶l̶ – k̶i̶c̶k̶ – into – the – goal – k̶i̶c̶k̶ – k̶i̶c̶k̶

　　i'. $< v_{\text{pred}}, \text{he} >$

he – kick – the – ball – k̶i̶c̶k̶ – perfectly – t̶h̶e̶ – b̶a̶l̶l̶ – k̶i̶c̶k̶ – into – the – goal – k̶i̶c̶k̶ – k̶i̶c̶k̶

关系句法根据被修饰的中心语类型的不同，将副词分为方式副词、主语指向型副词、频度副词、认识类副词、评估性副词、语用性副词等。比如主语指向型副词可以选择 v_{pred} 或 v_{perf}，方式副词选择 v_{tr}，频度副词选择 v_{tr}

或 v_{pred}，评估性副词选择 v_{tns} 或 v_{Σ}（v_{Σ} 为极性投射，同时携带肯定和否定特征），语用副词选择 $\emptyset_{comp}$。通过不同类型副词的选择，动词投射的类型与功能得到了进一步的分化与丰富。比如 "He inadvertently offends Mary" 的推导过程如图 3－11 所示：

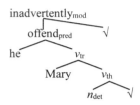

图 3－11　"He inadvertently offends Mary" 推导示意图

"inadvertently" 为主语指向型副词，其采用垂直的方式进入句法推导并选择 v_{pred} 作为其修饰对象。除了副词性修饰之外，形容词性修饰关系也通过同样的方式进行推导，比如 "the nice little old house" 的推导过程如图 3－12 所示：

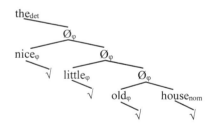

图 3－12　"the nice little old house" 推导示意图

n_{nom} 可以投射出携带 φ 特征的名词性中心语 n_{φ}，后者具有递归性，语音形式为空，用符号表示为 $\emptyset_{\varphi}$。n_{φ} 选择携带 φ 特征的形容词性论元 a_{prop}。形容词性论元 a_{prop} 所携带的 φ 特征与 n_{φ} 所携带的 φ 特征相匹配。

3.3 关系句法的具体应用

3.3.1 语序变化的重新解释

Bowers 将关系句法应用于语言类型学领域，对自然语言的语序变异进行了解释。在关系句法的理论框架下，语序变异源于两个因素：拼出操作的参数差异和中心语语音形式的跨语言差异。以名词短语为例，自然语言中最为基本的语序为（19）：

（19）a. Dem Num A N

b. N A Num Dem

"N"为名词中心语，"A"为形容词，"Num"为数词，"Dem"为指示词。选择方向和拼出方式的差异可以生成（19）中的语序，如图 3 – 13 所示：

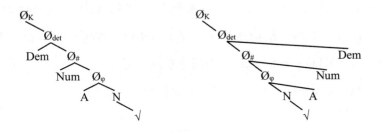

图 3 – 13　名词短语基本语序推导示意图

$\emptyset_K$ 投射为名词短语进行格标记，$\emptyset_{det}$ 选择指示词，$\emptyset_\#$ 选择数词，$\emptyset_\varphi$ 选择形容词。当中心语的选择方向一致时，左向选择生成（19）a 中的语序，右向选择则生成（19）b 中的语序。中心语不同的选择方向还可以为

（20）中的语序提供解释，如图 3 - 14 所示：

　　（20）a. Dem Num N A

　　　　　b. A N Num Dem

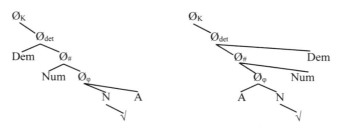

图 3 - 14 中心语不同的选择方向所生成的语序

通过这种方式，Bowers 对 Cinque（2005）关于名词投射中的语序研究进行了关系化的理论解释，并对自然语言中 v 投射的语序类型进行了重新解释，涉及 SVO、VSO、SOV、VOS、OVS、OSV 等语序类型。

3.3.2　wh－算子结构的重新解释

在关系句法的模型下，wh－疑问句、优先效应（superiority effect）、"that－语迹"效应、结构岛效应（island effect）均可获得解释。我们以特殊疑问句"What will he eat?"为例简要说明关系句法在 wh－算子结构中的运用。"What will he eat?"的推导模式如图 3 - 15 所示：

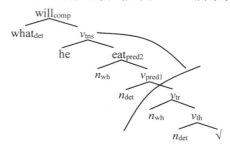

图 3 - 15　"What will he eat?" 推导示意图

在关系句法的框架中，v_{comp} 和 v_{pred} 是语段。v_{pred} 具有递归性，会将其语段特征传递给自身的递归性投射。因此，eat_{pred2} 同样具有语段特征。也就是说，当 eat_{pred2} 的选择特征完全满足之后，语段 v_{pred1} 内部的论元才不会被运算系统所涉及。因此，在 eat_{pred2} 选择 $will_{tns}$ 的时候，"what" 仍然可以被运算所涉及，其可以在 $will_{tns}$ 之前被 eat_{pred2} 选择，从而摆脱 v_{pred1} 语段的限制。由 v_{tns} 所选择的 $will_{comp}$ 具有［wh］特征，会对 "what" 进行选择。从而生成特殊疑问句的表层语序。

3.3.3　省略现象的重新解释

关系句法还对自然语言中的省略现象进行了解释，涉及动词短语省略、空位、截省句（sluicing）、焦点截省句（focus sluicing）等。基于结构成分的语言理论将省略现象视为一种句法删略操作，被删略的结构 XP_E 与其先行项 XP_A 之间的结构同一性是进行删略操作的先决条件。主流形式学派将删略特征［E］赋予结构中心语 H，将其作为拼出省略的指令输送至音系部门。为了满足结构同一性要求，不同的句法成分需要移出 XP_E 及其先行项 XP_A。因此，基于结构删略的运算过程异常纷繁复杂，并不能为假拟空位（pseudogapping）及动词短语省略现象提供完美的理论解释。关系句法将语言中的省略现象视为省略域（domain of ellipsis）中 v – 投射内中心语的一种特性，并指出：如果投射 α_{pred} 与其先行项 β_{pred} 之间存在结构上的同一性，那么投射 α_{pred} 具有删略特征［E］。作为音系部门的指令，特征［E］要求运算系统省略拼出中心语 α_{pred} 及其投射中任何与其先行项 β_{pred} 中完全相同的句法结构。自然语言中形式各异的省略现象是由省略域的适用范围不同所致。比如，假拟空位和动词短语省略现象的省略域为 v_{pred} 投射，其他类型的省略现象如空位、截省及焦点截省等则分别在以 v_{tns}、v_{comp} 和 v_{foc} 为中心语的省略域中得到解释。同样，动词短语省略中的语态错配现象也能够在关系化的模型下得到解释。因此，基于句法关系的理论解释在手段上更为精简，理论解释力更为强大。

3.4　《推导句法关系》（2018）内容介绍及理论简评

3.4.1　主要内容

除引言之外，《推导句法关系》一书共包含八章内容。

引言部分指出基于关系的句法推导是最为优化的运算方式，"构成关系" FR 是唯一的运算方式。自然语言中的三种基本关系（论元选择、词汇投射和修饰关系）均通过构成关系这一运算方式推导生成。

第一章"关系推导"引入基本概念和理论模型。本章阐明了构成关系 FR 的操作方式和拼出模式，拼出方式被定义为 FR（α, β）= $\langle\alpha$, $\beta\rangle$，依存项 β 必须满足中心语 α 的选择特征。拼读方案被定义为一条极为精简的逆向型原则：$\langle\alpha$, $\beta\rangle\rightarrow$ PF（β）– PF（α）。本章论证了剔除合并和移位操作的可能性，并详细勾勒出基于关系的句法推导模型。

第二章"词汇投射及论元选择类型"主要在关系化的模型下探索词汇类别 v、n、a、p 的投射方式及内部构成。每种词汇类型均包含最小语类和选择性投射，前者是必需的，后者具有可选性特征。就 v 来说，v_{pred} 为最小投射，v_{tns} 和 v_{comp} 等功能投射位于其上方，构成 v 投射的功能区域，v_{ag}、v_{th}、v_{aff}、v_{goal}、v_{source}、v_{intr}、v_{ben} 等选择性投射位于其下方，为论元选择做准备。作者提出了"语段可及性条件"这一基于关系的限制条件，并解释了方位倒装、与格交替以及假拟被动等句法现象。

第三章"修饰关系"主要对副词修饰和形容词修饰进行了关系诠释。

修饰语被视为中心语，选择被修饰对象。其在独立的词汇序列中生成，在位置上垂直于词汇投射和论元选择平面。在拼出后，修饰语可以位于其选择对象的前面或者后面，从而形成修饰语在句中的不同位置分布。

第四章"语序变异"探索了 n – 投射和 v – 投射中的语序问题，将拼出操作的参数差异和中心语的拼出位置作为导致语序变化的内在原因。本章在关系句法的理论框架下重新审视了 Cinque（2005）关于名词短语内部 Dem – Num – A – N 语序变化的研究，并详细讨论了 v – 投射内部的语序类型。

第五章"形态变化"重点讨论音系层面的形态变化现象，旨在消除句法运算中"不可解释性特征"（uninterpretable feature）的赋值与删除操作，并最终摒除"一致性"操作。本章认为：形态变化的主要功能在于使某些句法特征在音系层面可见。特征核查与结构格指派等基于成分结构的操作可以在关系模型中通过中心项与依存项的形态表现及中心项的选择特征获得解释。

第六章"算子"在关系句法的理论框架下探索算子结构的推导与生成，主要涉及疑问句中助动词倒装及 do 支持、特殊疑问句生成、优先效应、"that – 语迹"效应以及形式各异的结构岛效应等。

第七章"省略"在关系句法的理论框架下为自然语言中的省略现象提供解释，主要涉及动词短语、空位、截省、焦点截省等省略现象。

第八章"语言的基本结构"再次强调了基于关系的语言运算机制：语言的固有结构基于三种基本关系（论元选择、词汇投射和修饰关系）自下而上地动态生成；"构成关系"是句法运算的唯一方式；"即刻满足"是运算推导的制约条件。

3.4.2　简要评价

《推导句法关系》一书的理论特色主要体现在以下三个方面：

第一，用句法关系取代成分这一概念，构建出基于关系的句法推导模型。传统运算模型中的合并和移位操作不再具有理论地位，被构成关系这一句法操作所取代，拼出方案则体现为一条极简性的逆向型操作。"语段可及性条件"是句法运算的唯一限制性条件，接口层级 PHON 及 SEM 对于"可读性条件"的满足是运算推导的唯一动因。整个理论模型体现出句法运算的最简性、对称性、动态性与生成性，是为语言设计的最优方案（孙文统，2019）。

第二，对生成语法领域内的若干概念进行了颠覆性的变革，并赋予其崭新的理论地位。在中心语及其补语的关系上，关系模型认为补语选择中心语。在修饰关系方面，修饰语被视为中心语，在句法上选择被修饰的名词短语。在句法推导方面，修饰语以垂直于推导平面的方式进入句法运算，并在拼出方向方面呈现出参数差异。

第三，赋予先前语言现象关系化的理论解释，体现出较强的理论解释力。全书为被动结构、提升结构、倒装结构、提升结构和控制结构提供了全新的推导模型，并对优先效应、"that－语迹"效应、结构岛效应、例外授格、附加语叠加、T 降落等语言现象提供了全新的理论解释。

但是，关系模型似乎尚未完全摆脱结构成分的影响。"高层投射""搜索空间"等极具层级性特征的字眼时有闪现，而 $v_{\text{pred}}/v_{\text{comp}}$ 语段及词汇投射等概念的频繁使用极易引发结构主义式联想。另外，某些选择性特征（比如 $\text{that}_{\text{comp}}$ 所携带的 wh－选择特征以及 v_{tr}、v_{pred}、v_{tns} 等所携带的非题元性特征）的特设性太强，仅仅是作者服务其理论建构的一种技术性手段，其句法功能与形式各异的附加性特征（如边缘特征、EPP 特征、OCC 特征等）并无实质性的区别。

3.5 本章小结

本章对关系句法的理论模型及具体应用进行了介绍。3.1 节阐明了关系句法的理论背景。3.2 节系统介绍了基于关系的句法推导模型，涉及合并和移位操作的剔除、构成关系操作和拼出方式、词汇投射和论元类型以及修饰关系的句法推导。3.3 节在关系句法的理论框架下对自然语言中的具体现象进行关系化的理论解释，主要涉及名词投射中的语序变异、特殊疑问句的关系推导和省略现象的关系化研究。3.4 节对《推导句法关系》一书进行了简要的介绍与评价。

第四章

纳米句法：探索语言结构的微观世界

4.1　理论背景

精密地描写自然语言的内部构造和清晰地揭示语言结构的生成机制历来是生成语法研究中的焦点议题。生成语法对于自然语言结构的形式化描摹经历了一个由粗糙到精密、由简单到复杂的过程。形成于 20 世纪 90 年代的制图理论（Cartography）为句法描写的精密化提供了极为重要的技术手段。在最简方案初期，语言结构的句法表征还较为粗糙，句法结构一般由几个主要的中心语搭建，在句法表征方面远未达到精密细致这一要求。比如句子结构一般表现为由 CP、IP、vP 和 VP 四层投射所构成的层级性结构，如图 4 – 1 所示：

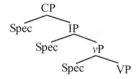

图 4 – 1　最简方案早期句子结构示意图

在图 4 – 1 中，句子结构呈现出 CP – IP – vP – VP 的层级形式。CP 为

56

标句词投射，IP 为屈折投射，vP 为轻动词投射，VP 为动词投射，Spec（ifier）为标识语。可以看出，当时的句子结构相当粗糙，无法为较为复杂的语言现象提供解释。除了句子结构之外，当时其他类型的句法结构也基本采用单一的投射类型，比如名词短语、介词短语、形容词短语和副词短语被简单地分析为 DP、PP、AP 和 AdvP，功能语类则表现为单一的功能投射，比如 IP 和 CP 等。

单一而粗糙的表征方式显然不能为自然语言纷繁而复杂的内部结构提供精确的描写，无法达到语言研究的描写充分性。更为重要的是，当时句法研究主要关注句子层面的表征及推导，研究重心尚未扩展到短语及词汇的内部结构。有鉴于此，一些学者（Cinque，1990，1999，2002；Rizzi，1997，2001，2004）从语言类型学的视野中获得灵感，从跨语言的事实中构建出致力于语言结构精密化描写的形式表征理论。比如单一的 IP 投射和 CP 投射被分裂为以下结构：

(1) $[_{MoodP} [_{ModP} [_{TP} [_{ModP} [_{AspP} [_{ModP} [_{TP} [_{AspP} [_{VoiceP} \cdots]]]]]]]]]$

（Cinque，1999）

(2) $[_{ForceP*} [_{TopP} [_{FocP} [_{TopP*} [_{FinP} [_{IP} \cdots]]]]]]$　（Rizzi，1997）

IP 投射被分裂为 MoodP、ModP、AspP、VoiceP 等投射，CP 则被分裂为 ForceP*、TopP*、FocP 和 FinP 等投射，结构表征更为精密。同时，以 Halle and Marantz（1993）、Marantz（1997）为代表的学者则构建出分布式形态学（Distributed Morphology，DM）理论，以"句法一路向下"的"单引擎"视角专攻词汇的内部构造与生成机制（程工、李海，2016）。制图理论和分布式形态学分别注重句法表征和句法推导，为句法结构的精密表征与推导提供了理论基础。

在制图理论的框架下，传统的投射类型均得到了更为精密细致的描写，Szabolcsi（1981，1984，1987）关于匈牙利语名词结构的研究开启了制

图研究的大门。随后，投射类型的分裂式研究蓬勃地开展了起来。比如
Abney（1987）关于 DP 投射的研究，Pollock（1989）关于 IP 分裂的研究，
Rizzi（1997）关于 CP 左缘结构的研究，Cinque（1999，2006）关于 IP 左缘
结构的研究、事件结构的分裂研究（Larson，1988；Hale and Keyser，
1993；Ramchand，2008）等。在这种理论背景下，其他结构类型也得到了
更为细致的描写，比如介词结构（Koopman，2000；den Dikken，2010；
Noonan，2010），形容词（Cinque，2010），副词（Laenzlinger，1998；
Cinque，1999），主语（Cardinaletti，1997，2004），否定结构（Haegeman
and Zanuttini，1991）、限定词短语（Szabolcsi，1981，1984，1987；Abney，
1987；Ritter，1991；Giusti，1997）等。

　　最简方案为句法操作提供了简约高效的操作方式，制图理论为句法结
构的外在表征提供了形式化的手段，分布式形态学则专攻词汇层面的推导
与生成。三者紧密联系，各有偏重。纳米句法（nanosyntax）正是在生成
语法理论向着精密化方向迈进的过程中逐步发展起来的。从字面上看，纳
米句法旨在探索语言结构的微观世界，为句法结构提供精密的微观表征，
探索句法结构生成的微观机制。从理论模型上看，纳米句法的理论精神与
制图理论一脉相承，并有效吸收了分布式形态学中的合理成分，是形式句
法领域探索语言结构的微观表征及生成机制的前沿性理论。

　　纳米句法的核心理论集中体现在 Lena Baunaz、Karen De Clercq、Lil-
iane Haegman、Eric Lander 等学者共同编纂的《探索纳米句法》（*Exploring
Nanosyntax*）一书中。该书属于牛津比较句法研究（Oxford Studies in Com-
parative Syntax）系列成果之一，于2018 年5 月由牛津大学出版社出版。该
书汇集了纳米句法研究的代表性论文，系统介绍了纳米句法的学术源流、
理论模型、操作要件及具体应用。

4.2 理论模型及操作要件

4.2.1 纳米句法的基本假设

就其理论本质而言，纳米句法是原则与参数框架下的一种形式语言学理论（Caha，2009；Starke，2009，2011），是生成语法在新时代背景下不断发展与优化的产物（孙文统，2020a，2021c，2021d）。纳米句法理论的创始人为挪威特罗姆瑟大学（University of Tromsø）语言学系的 Michal Starke 教授，其在 2009 年发表的《纳米句法导论：语言研究的新方法》（*Nanosyntax：A Short Primer to a New Approach to Language*）一文是该领域的开山之作。纳米句法致力于语言结构的精密表征，并兼顾句法结构的推导生成。和以往的理论模型相比，纳米句法在理论模型和推导运算方面具有一系列独特的理论假设，使其明显地区别于以往的形式理论。这些理论假设具体表现为以下几个方面：

第一，后句法词库（post-syntax lexicon）。在分布式形态学的理论框架中，词库被拆分三个列表，在运算系统中的不同位置进行推导运算。在纳米句法的理论模型中，词库是独立存在的。与传统生成学派所秉持的"前句法词库"观点不同，纳米句法将词库置于句法运算之后，并将词素所具有的特征视为中心语。这一假设被称为"特征－中心语一一对应假设"（one feature－one head，OFOH）。基于这种假设，每一个特征均会拥有自身独立的投射，从而丰富了句法结构的层级性构造，增强了句法表征的精确性。

第二，句法－音系严格分工。在纳米句法的理论模型中，句法运算和音系解释分属两个不同的部门，具有不同的理论分工。句法运算部门位于整个运算系统的最高位置，负责将原子特征（atomic feature）合并为具有语言普遍性的特征序列（feature sequence，fseq）。而音系部门则位于词库之后，为词库中的词汇项目提供音系解释。此外，纳米句法的理论模型中不存在独立的形态部门，也不存在分布式形态学所秉持的各种形态－音系规则。

　　第三，信息存储在槽位（slot）中。在纳米句法的理论框架下，词汇项目包含三个槽位，分别存储该词汇项目的语音信息、句法－语义信息和概念信息（百科信息）。比如一个假想的单词"blicket"所具有的槽位信息如图4-2所示：

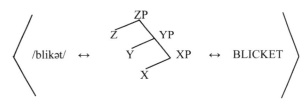

图4-2　假想单词"blicket"的槽位信息示意图

　　在图4-2中，/blikət/是词汇项目"blicket"的语音形式，存储在第一槽位中；ZP-YP-XP是其结构信息，存储在第二槽位中；"BLICKET"是其概念信息，存储在第三槽位中。可以看出，在纳米句法的理论模型中，词汇项目具有更为丰富的信息量，这为词库理论地位的改变提供了基础。

　　第四，特征次词素化（submorphemic）。纳米句法将语言结构进行了更为精密的解析，每个次词素即对应一个特征。也就是说，特征和词素之间存在一对多的关系。在纳米句法的理论框架下，特征被视为中心语，按照中心语投射的方式构建为非对称性的层级性结构，比如：

（3）a. $\sqrt{}$ [$_{XP}$ X [$_{YP}$Y [$_{ZP}$Z]]]

  b. * [X, Y, Z]

（3）a 为非对称性的有序结构，特征 X、Y 和 Z 作为中心语进行投射，形成非对称性的层级性结构，结构合乎语法。（3）b 为对称性的无序结构（Dékány，2009），并且无法体现结构的层级性构造，结构不合乎语法。

第五，短语拼出（phrasal spell-out）。既然特征是次词素的，而且作为中心语的次词素可以组成词素，那么纳米句法应该允许短语拼出操作。而在分布式形态学的理论框架中，拼出操作的施用对象只能是中心语。短语拼出操作的意义重大，可以为自然语言中的混成形态（portmanteau morphology）提供解释。比如芬兰语用不同的形态表示不同的功能语类，而拉丁语则通过同一形态表示不同的功能语类，如（4）和（5）所示：

（4）a. Karhu – lle   （芬兰语）

   bear – ALL

   'onto the bear'

  b. Karhu – i – lle

   bear – PL – ALL   （Caha，2009：73）

（5）a. puell – ās   （拉丁语）

   girl – ACC. FEM. PL   （Rocquet，2013：8）

可以看出，在芬兰语中，向格（allative）通过形态"lle"表示，复数特征通过形态"i"表示。在拉丁语中，宾格、阴性和复数特征均通过混成形态"ās"进行表示。根据"特征 – 中心语一一对应"假设，拉丁语中的每一个特征均投射出自身的中心语。因此，必须使用短语拼出操作才能将这些特征统一拼出为混成形态"ās"。

4.2.2 纳米句法的理论模型

以最简方案为代表的主流生成学派秉持"倒 Y"式的运算系统，词汇项目先在狭式句法中进行推导运算，然后分别移交至语音部门和语义部门进行语音解释和语义解释。在运算模型的构建方面，纳米句法则显得极为另类。首先，词库是后句法的，并且词库中的词汇项目同时包含语音、句法和百科信息。其次，拼出操作不是单向的、依次性的，而是循环性的，构成"拼出回路"（spell-out loop）。纳米句法的理论模型如图 4 - 3 所示（Caha，2009；Starke，2011）：

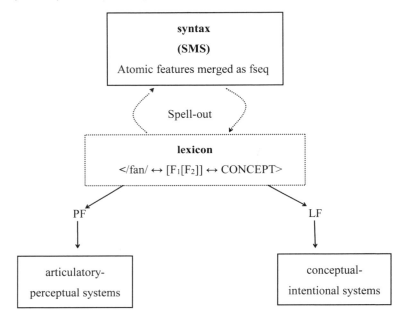

图 4 - 3　纳米句法运算系统

　　显而易见，在纳米句法的运算模型中，词库位于句法运算部门之后。句法运算部门位于运算系统的最高位置。"SMS"代表句法（syntax）、形态（morphology）和语义（semantics）。句法部门负责将原子特征合并为具有语言普遍性的特征序列 fseq。也就是说，句法操作的基本单位是原子特征。词汇项目存储在词库中，其中包含语音信息、结构信息和概念信息。纳米句法将词库置于句法部门之后的做法主要基于语言习得方面的事实：

词汇项目只有在生成出来之后，才能被儿童习得，进而存储在其心智词库中。在句法运算与词库之间，存在由拼出操作所形成的拼出回路。句法部门经过运算将原子特征合并，生成抽象的句法结构，被称为"句法树"（syntactic tree，S-tree）。被词库所存储的"句法树"被称为"词汇树"（lexical tree，L-tree），其包含语音、结构和概念三方面的信息。"句法树"需要词库中的特定材料获得语音形式，这一过程被称为词汇化（lexicalization）过程。"句法树"和"词汇树"之间的匹配过程周而复始地进行着，形成了运算系统中的拼读回路。须要说明的是，尽管"句法树"和"词汇树"均由句法部门运算生成，"句法树"是一种抽象的结构，其位于句法运算部门。而"词汇树"被词库所存储，具有较为具体的结构信息，其位于词汇项目中的第二槽位。

由于"词汇树"属于具体词汇项目的一部分，"句法树"和"词汇树"的匹配过程使得"句法树"与"词汇树"的语音信息和概念信息产生关联。这种关联在运算系统中的语音部门 PF 和语义部门 LF 处得到解释。语音部门和语义部门分别与发音 – 感知系统（articulatory – perceptual system，A – P）和概念 – 意向系统形成外部接口关系①　　。句法树"和"词汇树"之间的匹配过程形成了纳米句法极具特色的拼出方式，这一拼出方式受到超集原则（Superset Principle）、别处原则（Elsewhere Principle）和循环覆盖原则（Cyclic Override Principle）的制约（Starke，2009）。

超集原则 当词汇树 L 在结构上是句法树 S 的超集的时候，词汇树可以和句法树匹配。也就是说，当词汇树 L 包含一个节点，这个节点与句法树 S 中的节点相同，并且这两个相同节点之下的所有节点也相同的时候，词

---

① 发音 – 感知系统（A – P）和概念意向系统（C – I）是 Chomsky 在《最简方案》（*The Minimalist Program*）中的术语。在其后来的《最简探索：框架》（*Minimalist Inquiries：The Framework*）中，这对概念被分别改为感觉运动系统和思维系统（system of thought）。

汇树可以和句法树匹配。比如（6）中的词汇树 L 可以将句法树 S 拼出：

（6）a. 词汇树 L　　［XP［YP［ZP］］］

b. 句法树 S_1　　［XP［YP［ZP］］］　　句法树 S_2　　［YP［ZP］］

在结构上，词汇树 L 和句法树 S_1 完全相同，同时是 S_2 的超集。因此，词汇树 L 可以与句法树 S_1 和 S_2 匹配，进而将其拼出。

别处原则　当有多个词汇树 L 可以和一个句法树 S 进行匹配的时候，运算系统将选择结构上最为精简的词汇树 L 与句法树 S 进行匹配，比如：

（7）a. 词汇树 L_1　　［XP［YP［ZP］］］　　词汇树 L_2　　［YP［ZP］］

b. 句法树 S　［YP［ZP］］

在（7）中，词汇树 L_1 和 L_2 均可以与句法树 S 进行匹配。由于词汇树 L_2 在结构上比 L_1 更为精简，运算系统将选择词汇树 L_2 与句法树 S 进行匹配，并将其拼出。

循环覆盖原则　这一原则规定，先前所进行的词汇化操作会被后来所进行的词汇化操作所覆盖。这一过程如（8）所示：

（8）a. 词汇树 L_1［ZP］→/α/　词汇树 L_2［YP［ZP］］→/β/

词汇树 L_3［XP［YP［ZP］］］→/γ/

b. 句法树 S_1［ZP］→ α　　句法树 S_2［YP［ZP］］→ β

句法树 S_3［XP［YP［ZP］］］→ γ

在（8）中，词汇树 L_1 与句法树 S_1 进行匹配，拼出"α"，当推导生成［YP［ZP］］时，词汇树 L_2 与句法树 S_2 进行匹配，拼出"β"，之前拼出的"α"被覆盖。当生成［XP［YP［ZP］］］时，词汇树 L_3 与句法树 S_3 进行匹配，拼出"γ"，之前拼出的"β"被再次覆盖。

在纳米句法的理论模型中，拼出操作和词汇化过程同时进行，运算系统将运算生成的具体词汇项目移交至语音部门和语义部门进行语音解释和语义解释，并与发音－感知系统和概念－意向系统形成外部接口关系。

4.2.3 纳米句法的运算方式

和主流生成学派类似，合并与移位是纳米句法运算系统中的操作要件，只是在移位方式上有所不同。在句法推导过程中，句法结构仍然采用自下而上的方式动态生成。合并仍然是二元性的，其施用对象是原子特征，按照自然语言中的普遍特征序列，循序渐进地生成句法结构。

纳米句法的运算过程由合并、移位、匹配和拼出构成。合并是基本的运算操作，旨在形成双分枝的句法结构。移位旨在对原有的句法结构进行拓展，进而形成新的句法结构。匹配操作发生在句法树和词汇树之间，为拼出操作做准备。拼出操作则将具体的词汇项目拼出，为接口层面（语音接口和语义接口）提供具体的词汇输入。

纳米句法在秉持主流生成学派的合并与移位操作的同时，拥有自身较为独特的推导方式。在运算推导的动因方面，纳米句法采用基于拼出的移位操作。也就是说，纳米句法认为移位的动因在于满足拼出操作的要求，即确保运算系统拼出正确合乎语法的词汇项目。基于拼出的移位操作消除了主流生成学派为了驱动移位所人为设定的附加特征（diacritic feature），如 EPP 特征等，具有深刻的理论意义。纳米句法的运算过程包含四个步骤，如（9）所示：

（9）a. 合并

　　　b. 停留核查（stay and check）

　　　c. 循环移位（cyclic movement）

　　　d. 整体移位（snowball movement）

我们可以通过抽象的结构图式来揭示纳米句法的运算过程（Lena Baunaz and Eric Lander, 2018：37 – 38）。首先，运算系统将原子特征作为中心语进行合并，生成结构 $[_{HP} [GP] ...]$ 并将其拼出。接着，特征 F 与 HP

合并，生成结构 $[_{FP}F\ [_{HP}\ [GP]\ ...\ ]]$。为了拼出特征 F，结构 $[_{FP}F\ [_{HP}$ $[GP]\ ...\ ]]$ 先在运算系统中停留，然后在词库中搜寻是否存在能够与结构 $[_{FP}F\ [_{HP}\ [GP]\ ...\ ]]$ 进行匹配的词汇项目。这一过程如图 4-4 所示：

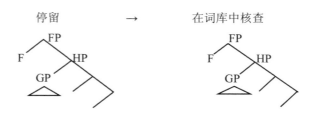

图 4-4　停留核查操作示意图

如果词库中不存在能够与结构 $[_{FP}F\ [_{HP}\ [GP]\ ...\ ]]$ 匹配的词汇项目，GP 则循环移位至特征 F 的左侧，形成结构 $[GP\ [_{FP}F\ [_{HP}...\ ]]]$。此时，运算系统再次在词库中进行核查，检验是否存在能够与剩下的 $[_{FP}F$ $[_{HP}...\ ]]$ 结构进行匹配的词汇项目。这一过程如图 4-5 所示：

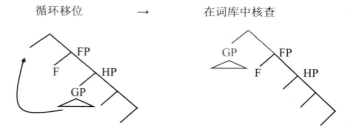

图 4-5　循环移位操作示意图

如果词库中包含能够与结构 $[GP\ [_{FP}F\ [_{HP}...\ ]]]$ 匹配的词汇项目，运算系统将会将其拼出。如果词库中不包含能够与之匹配的词汇项目，循环移位操作将被撤销，F 的姊妹节点将会整体合并至 PF 的左边，并再次在词库中进行核查是否存在能够与剩下的 FP 结构相匹配的词汇项目。这一过程如图 4-6 所示：

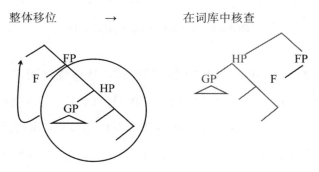

整体移位　　　　→　　　　在词库中核查

图 4-6　整体移位操作示意图

可以看出，在纳米句法的理论框架下，拼出是驱动句法推导的内在动因。我们以 Karata 语中方位短语的生成来简要地演示纳米句法的运算过程。如（10）所示：

（10）bajdan – t'– a

　　　 square – ON – LOC

　　　 'on the square'　　　　　　　　　　　　（Pantcheva，2011：137）

经过跨语言的调查研究，Pantcheva 将自然语言中方位表达的层级性序列总结为（11）：

（11）Route > Source > Goal > Place > AxPart > ... DP

其中，"Route""Source""Goal""Place" 分别为 "路径特征""来源特征""终点特征" 和 "方位特征"，"AxPart" 为 "轴向部分"，旨在标记物体之间的相对位置关系。在（10）中，"– a" 为方位标记，"– t'" 为轴向部分。Karata 语中方位短语的推导方式按照例（10）所示的普遍特征序列进行。运算系统首先将轴向部分 "AxPart" 与 DP 进行合并，如图 4-7 所示：

图4-7 AxPart与DP合并示意图

此时，结构"AxPart-DP"暂时停留，运算系统在词库中进行核查。由于词库中不存在能够与之匹配的词汇项目，DP将进行移位操作，为合乎语法拼出提供条件。由于此时并不具备循环移位的结构条件，DP将直接进行整体移位，生成结构"DP-AxPart"结构，如图4-8所示：

图4-8 "DP-AxPart"结构生成示意图

由于词库中存在能够与"DP-AxPart"结构匹配的词汇项目，即例（10）中的词汇"bajdan-ṭ'-a"，其在结构上是"DP-AxPart"的超集，符合拼出操作的超集原则。因此，运算系统将AxPartP层拼出为"-ṭ'"。此时，方位标记PLACE进入句法运算，与结构"DP-AxPart"合并，生成结构"Place-DP-AxPart"，如图4-9所示：

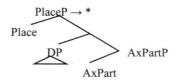

图4-9 "Place-DP-AxPart"结构生成示意图

此时，结构"Place-DP-AxPart"再次接受停留核查。由于词库中不存在能够与之匹配的词汇项目，DP首先进行循环移位，生成"DP-Place-AxPart"结构，如图4-10所示：

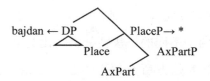

图 4 - 10 "DP - Place - AxPart"结构生成示意图

由于词库中不存在能够与"DP - Place - AxPart"结构匹配的词汇项目，DP 的循环移位操作被取消，"DP - AxPartP"进行整体移位，生成"DP - AxPart - Place"结构，如图 4 - 11 所示：

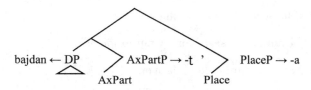

图 4 - 11 "DP - AxPart - Place"结构生成示意图

此时，运算系统再次在词库中进行核查操作。由于词库中存在能够与"DP - AxPart - Place"结构匹配的词汇项目，即例（10）中的"bajdan - ʈ'- a"，运算系统将 Place 投射层拼出为"- a"，形成完整的词汇项目"bajdan - ʈ'- a"。更为复杂的方位短语的推导方式与之相同，均采用合并、停留核查、循环移位和整体移位的方式进行。

4.3 纳米句法的具体应用

4.3.1 类并现象的理论解释

对于类并（syncretism）的研究贯穿了纳米句法理论发展的整个历程。

Caha（2009）将这种现象定义为"两个不同的形态 – 句法特征的表层融合"。也就是说，当两个不同的语法特征被拼出为同一种语言形式时，就发生了类并现象。下面是方所介词在英语和法语中的表现（Pantcheva，2011：238）：

（12）a. I ran at the sea.　　　　　　　（方位）

　　　 b. I ran to the sea.　　　　　　　（终点）

　　　 c. I ran from the sea.　　　　　　（来源）

（13）a. J'ai　　 couru　 à　　 la mer.　　（方位/终点）

　　　　 I. have　run　　at/to　the sea

　　　　 'I ran at the sea.' or 'I ran to the sea.'

　　　 b. J'ai　　 couru　 de　　la mer.　　（来源）

　　　　 I. have　run　　from　the sea

　　　　 'I ran from the sea.'

可以看出，英语使用不同的介词来表达方位、终点和来源等方所语义，而法语中表达方位和终点语义的介词发生了类并现象。在纳米句法的理论框架下，发生类并现象的法语介词"à"由方位特征和终点特征经短语拼出而生成。也就是说，在句法运算的过程中，运算系统将方位特征和终点特征整体拼出为一个介词。Pantcheva（2011）在 Svenonius（2010）等的研究基础上，对方所特征如"方位""终点""来源"和"经由"等作出了跨语言的分析与研究。

此外，基于 Blake（1994）等人的研究，Caha（2009）对自然语言中的主格 – 宾格系统进行了研究。Caha 指出，自然语言中的格标记类并现象呈现出一定的规律性：格标记的类并现象只能发生在相邻的格标记之间。Caha 以俄语中的主格、宾格、属格、与格和工具格为例，指出格标记类并只能发生在主格和宾格之间，宾格和属格之间，以及属格、与格和工具格之间，并将格标记类并的具体情况进行了总结，如表 4－1 所示（Caha，2009：12）：

表 4－1 俄语中格标记类并情况

	'window' 单数	'teacher' 复数	'one hundred'
主格	okn－o	učitel－ja	st－o
宾格	okn－o	učitel－ej	st－o
属格	okn－a	učitel－ej	st－a
与格	okn－u	učitel－am	st－a
工具格	okn－om	učitel－ami	st－a

格标记类并现象只发生在有阴影的表格之间。经过跨语言的调查，Caha进一步指出，格标记类并是一种具有普遍性的语言现象，类并现象发生在具有普遍性的格标记序列中。其提出一条具有普遍性的格标记邻近原则，如（14）所示（Caha，2009：49）：

（14）格标记邻近原则

　　a. 一般情况下，自然语言中的格标记类并现象只发生在相邻的格序列之间。

　　b. 格序列：主格－宾格－属格－与格－工具格－伴随格

格标记邻近原则也可以表示为＊ABA 定理（Bobaljik，2007，2012），即要求只有相邻的特征之间才可能发生类并现象。和介词类并一样，纳米句法可以为自然语言中的格标记类并提供统一的理论解释。在发生格标记类并的格类型之间，运算系统可以将不同的格特征，比如主格－宾格，宾格－属格，属格－与格－工具格等统一拼出为同一种词汇形式。

4.3.2　法语代词的研究

在法语中，代词分为强代词、弱代词和附着代词。不同类型的代词在句法、语义、形态和韵律方面均存在差异（Cardinaletti and Starke，1999）。法语的代词系统如表 4 - 2 所示（Lena Baunaz and Eric Lander，2018：28）：

表 4 - 2　法语代词系统

			强代词		弱代词	附着代词
单数	1		moi		je	me
	2		toi		tu	te
	3	阳性	lui		il	le
		阴性	elle		elle	la
复数	1		nous		nous	nous
	2		vous		vous	vous
	3		eux	阳性	ils	les
				阴性	elles	

在语义上，强代词必须是指称性的，弱代词和附着代词则无此要求。当弱代词和附着代词进行指称的时候，它们必须和语篇中明显的先行词保持联系。在句法上，强代词出现在论元位置，可以进行合并和移位等操作，弱代词和附着代词不能进行此类操作。尽管弱代词和附着代词被统称为缺陷性代词，二者在缺陷程度上仍然存在差异。弱代词可以出现在 XP 位置，而附着代词不能。因此，附着代词的缺陷性程度最高，其可以在韵律上附着于相邻的词汇之上，形成一个句法单位。Cardinaletti and Starke（1999）通过结构包容的方式对这三类代词进行了区分，如图 4 - 12 所示：

法语中的强代词和弱代词之间可能发生类并现象，比如：

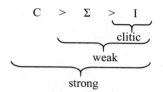

图 4 - 12 法语代词中的结构包容

（15）a. Pierre travaille. Marie, quant à elle,   joue sur la plage.

Pierre works   Marie as   to she$_{STRONG}$ plays on   the beach

'Pierre is working. As for Marie, she's playing on the beach. '

b. Elle   joue   sur la   plage.

she$_{WEAK}$ plays   on   the beach

'She's playing on the beach. '   （Rocquet，2013：23）

Cardinaletti and Starke（1999）指出，法语强代词在结构上包含弱代词，强代词的词汇树结构如图 4 - 13 所示：

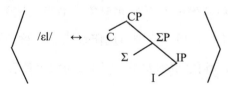

图 4 - 13 法语强代词词汇树结构

而强代词和弱代词的句法树结构如图 4 - 14 所示：

图 4 - 14 法语强代词和弱代词句法树结构

可以看出，法语强代词的词汇树结构为［CP［ΣP［IP］］］，而强代词和弱代词的句法树分别为［CP［ΣP［IP］］］和［ΣP［IP］］。在结构上，词汇树结构是句法树结构的超集。根据拼出的超集原则，词汇树［CP［ΣP［IP］］］可将法语强代词和弱代词统一拼出为"elle"。

在有的情况下，法语代词并不能够发生类并现象，比如当代词为阳性第三人称单数时，强代词和弱代词之间不能发生类并：

（16）a. Marie travaille. Pierre, quantà lu　i/﹡il，　joue sur la plage.

　　　　Marie works　Pierre as to him$_{STRONG}$/﹡he$_{WEAK}$　plays on the beach

　　　　'Marie is working. As for Pierre, he is playing on the beach.'

　　b. Il　　　/#Lui　　　jour sur la plage

　　　he$_{WEAK}$/he$_{STRONG}$ plays on the beach

　　　'He is playing on the beach.'　　　　　　　　（Rocquet，2013：24）

除此之外，附着性的阳性第三人称单数代词"le"也不能与阳性第三人称单数的强代词和弱代词发生类并现象。纳米句法假设在这种情况下，词库中分别存在三个词汇树，分别对应阳性第三人称单数的强代词、弱代词和附着代词，这三种代词的也拥有不同的句法树结构。如图4－15所示：

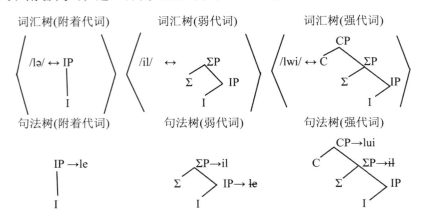

图4－15　法语附着代词、弱代词和强代词的拼出

运算系统按照特征依次进行合并。当结构到达 IP 层时，附着代词的词汇树将其拼出为附着代词"le"。当结构到达 ΣP 层时，弱代词的词汇树将其拼出为弱代词"il"，根据循环覆盖原则，之前拼出的"le"被覆盖。最后，当结构到达 CP 层时，强代词的词汇树将其拼出为强代词"lui"。同样，根据循环覆盖原则，之前拼出的"il"被覆盖。

4.3.3 习语的研究

对于习语的分析与解释一直是令主流生成学派感到棘手的问题。纳米句法所倡导的短语拼出操作同样能够为习语的研究带来启示。Starke（2011：6）指出："习语的存在为纳米句法的拼出操作提供了支持。传统的研究方法无法为含有多个词汇的习语表达提供解释。在短语拼出操作中，习语是一种被存储的具有较大规模的结构形式。"其中，"较大规模的结构形式"不仅包含名词短语和动词短语，还包含具有功能性投射层级的句法结构。

习语分为语音习语和概念习语两类（Baunaz and Lander，2018：34）。语音习语指词汇在语音方面的不规则变化，比如名词复数的不规则变化"child – children"和"mouse – mice"等。概念习语指短语或句子层面中的非组合性概念信息，比如"kick the bucket"指"死亡"，"hold your hor-ses"指"耐心"等。

关于语音习语的生成，比如"mouse – mice"，纳米句法假设在推导过程中，"mouse – s"在运算系统中正常生成，但在高一级的节点位置被"mice"所覆盖，其生成过程如图 4 – 16 所示：

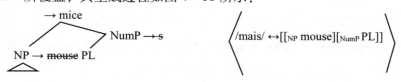

图 4 – 16　"mice"生成过程示意图

采用相同的方式，概念习语"hold your horses"的生成机制也可以得到解释。纳米句法假设词库中存在一个具有［vp hold your horse］的词汇项目，该词汇项目的概念意义无法从其组成部分的意义中推导出来。这个词汇项目被运算系统整体解释为"耐心"，如图 4 - 17 所示：

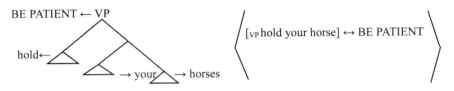

图 4 - 17　"hold your horses"生成过程示意图

在上图中，"hold""your"和"horses"在高位节点被运算系统整体映射为"耐心"这一意义。

4.4　《探索纳米句法》（2018）内容介绍及理论简评

4.4.1　主要内容

《探索纳米句法》一书由 Lena Baunaz、Karen De Clercq、Liliane Haege-man、Eric Lander 等学者编纂，汇集了该领域知名学者的十二篇论文，共分为三大部分。

第一部分包含前三个章节的内容，构成本书的理论背景部分。

第一章"纳米句法：理论基础"由 Lena Baunaz 和 Eric Lander 共同撰写，主要阐述纳米句法的基本假设、理论模型、运算要件和理论优势，并将纳米句法与制图理论和分布式形态学进行了简要的对比。

第二章"分布式形态学的词汇插入和纳米句法"由 Pavel Caha 撰写，

主要将纳米句法与分布式形态学进行对比，阐明了纳米句法所奉行的短语拼出操作消除了分布式形态学中的后句法操作，比如"溶合"（fusion）和"分裂"（fission）操作，从而进一步精简了句法运算系统。

第三章"跨越词汇化和成分词汇化：混成前缀的个案研究"由 Tarald Taraldsen 撰写，旨在比较纳米句法中的两种拼出方案。跨越词汇化指中心语序列可以在不构成结构成分的情况下得到词汇化，而成分词汇化指某一结构只有在构成句法成分的前提下才能够得到词汇化。通过对班图语（Bantu）前缀的研究，本章证明了成分词汇化更具合理性。

本书的第二部分包含第四章到第八章的内容，构成了本书的实证调查部分。

第四章"韩语疑问助词为代词的观点（Kim，2011）献疑"由 Michal Starke 撰写。本章讨论了 Kim（2011）将韩语疑问助词分析为代词的做法所具有的理论缺陷，指出如果将疑问助词分析为代词，那么其同样可以出现在陈述句中，这与事实相违背。Michal Starke 指出，纳米句法中的超集原则可以解决这一问题。

第五章"类并和空间指称中的包含关系"由 Eric Lander 和 Liliane Haegeman 合写。本章对自然语言中的空间指称方式进行了形态 - 句法分析，指出了空间指称分为三个类别：近端（proximal）（距离说话者近）、中端（medial）（距离听话者近）和远端（distal）（距离说话者和听话者远）。本章从类并的角度对空间指称进行了解释，并通过跨语言的证据证明了在形态上，远端包含中端，中端包含近端。

第六章"标句词分解：法语、现代希腊语、塞尔维亚 - 克罗地亚语和保加利亚语标句词的功能序列"由 Lena Baunaz 撰写。本章考察了陈述性标句词在上述语言中的表现，并在纳米句法的理论框架下对法语、塞尔维亚 - 克罗地亚语和保加利亚语的标句词进行了分析，指出了陈述性标句词为介入成分。

第七章"类并与否定的形态句法"由 Karen De Clercq 撰写。本章通过类并对自然语言中否定的形态句法展开研究。本章对十种语言中的否定现象展开了研究，将自然语言中的否定投射 NegP 分裂为五种不同的次词素中心语，并将这些中心语置于同一种包含关系中。

第八章"俄语动词前缀的纳米句法"由 Inna Tolskaya 撰写。本章对俄语动词前缀和介词的多义现象进行了研究，指出在俄语中，动词前缀的多种意义共享同一个词汇项目，多义介词也可以通过分解式的词汇结构得到解释。

本书的第三部分包含第九章到第十二章的内容，是本书的理论探索部分。

第九章"复杂左分枝结构，拼出和前缀"由 Michal Starke 撰写。本章旨在对前缀和后缀进行系统的区分。本章指出：后缀是词汇主干的组成部分，而前缀则通过"最后手段"以复杂标识语的形式插入到词汇主干中。

第十章"语序和纳米句法：西班牙方言中的动词前主语和疑问词"由 Antonio Fábregas 撰写，将纳米句法应用于句子层面的研究中。本章对三种西班牙方言中的主语和疑问词进行了研究，并将方言差异归结为主语一致关系的作用范围。

第十一章"代词特征结构的多维度研究"由 Guido Vanden Wyngaerd 撰写，主要在纳米句法的框架下探索 *ABA 定理的合理性。

第十二章"功能序列域和斯拉夫语中的 L > T > N 语素"由 Lucie Taraldsen Medová 和 Bartosz Wiland 共同撰写，主要对斯拉夫语中的功能区域进行研究，指出具有竞争关系的特征位于同一特征序列区域，能够共现的特征位于不同的特征序列区域。

4.4.2 简要评价

《探索纳米句法》一书的学术创新及理论优势体现在以下几个方面：

第一，本书将次词素性的原子特征作为中心语投射，更为深刻地揭示了语言结构的精密构造，在秉持制图理论精密的句法表征精神的同时，兼顾语言结构的动态性生成，为语言结构微观层面的研究提供了理论基础，是注重句子层面句法研究的重要补充。本书所倡导的理论模型进一步优化了运算体系（比如后句法词库和拼出回路等），在优化句法运算的同时，为语言习得的研究提供了理论启示。

第二，纳米句法所倡导的短语拼出操作能够较好地为自然语言中的类并现象、习语、方位短语、标句词分解、复杂左分枝结构以及功能特征序列的研究提供解释，具有较强的理论解释力。

第三，本书的研究为汉语语法研究带来了理论启示。汉语缺乏形变，表达灵活，是一种高度解析性的语言，其中很多现象很难在主流生成学派的理论模型下得到解释，比如汉式话题句、习语表达、歇后语、谚语等。纳米句法所主张的特征分解和短语拼出能够为汉语研究提供全新的理论视角。比如纳米句法关于习语的研究可以为汉语研究所借鉴，从而推动汉语语法的蓬勃发展。

从整体上看，纳米句法主要服务于词汇层面的研究，尚未完全拓展至句子层面的研究，但 Fábregas 于 2018 年已经做出了尝试。如何拓宽纳米句法的研究层面，使其纳入主流生成学派的研究范围，这是生成语法学者们需要认真思考的问题。

4.5　本章小结

本章对纳米句法的理论模型及具体应用进行了介绍。4.1 节阐述了纳米句法的理论背景，指出其与制图理论及分布式形态学之间的联系。4.2 节依次阐明了纳米句法的基本假设，理论模型和操作要件，凸显了纳米句法的后句法词库、拼出回路、短语拼出、停留核查、循环移位、整体移位等运算特征。4.3 节通过类并、法语代词和习语研究揭示了纳米句法的具体应用及理论优势。4.4 节对《探索纳米句法》一书进行了简要的介绍和评价。

第五章

探针及其范域：句法局域性运算的前沿理论

5.1　理论背景

句法推导的"局域性"（locality）一直都是生成语法研究的重要课题。"局域性"即句法操作的局部性限制条件，体现为句法域（syntactic domain）的透明性（transparency）或不透明性（opacity）。句法域的透明性表现为允许句法操作涉及其域内的句法成分，而句法域的不透明性表现为不允许句法操作涉及其域内的句法成分。请看英语中的超强提升（hyperraising）句①：

（1）　a. Who$_i$ seems [$_{CP}$ t_i likes John]？

　　　　b. ＊Sue$_i$ seems [$_{CP}$ t_i likes John] .

在例（1）中，疑问词"who"可以从限定性的 CP 小句中移位至句首，而 DP"Sue"则不能从嵌入小句 CP 中移出。也就是说，英语中

---

① Ura（1994）对英语中的超强提升（hyperraising）句和超级提升（superraising）句进行了区分。超强提升句是指定式小句中的主语向位于更高一级的定式小句主语位置上的移位（i），而超级提升是指主语在向更高一级小句的论元位置进行移位的过程中跨越了另外一个主语（ii）：（1）＊She$_i$ seems [that t_i likes John] .（2）＊She$_i$ seems [that it was told t_i [that Sam likes John]] .

的限定性 CP 小句在 wh - 移位（非论元移位，Ā 移位）方面呈现出透明性特征，即允许 wh - 移位；而在 DP 移位（论元移位，A 移位）方面呈现出不透明性特征，即不允许 DP 移位。因此，英语中的限定性小句 CP 在 wh - 移位和 DP 移位方面呈现出"局域错配"（locality mis-match）现象。

　　生成语法学界对（1）中的移位限制进行了极为广泛的探讨，比较普遍的看法是例（1）体现出了两个移位限制性原则：第一，领属原则（subjacency principle）或语段不可渗透条件（Phase Impenetrability Condi-tion，PIC），该条件强调移位的循序性；第二，不当移位限制（ban on im-proper movement），该条件不允许句法成分从论元位置移位至非论元位置（Chomsky，1973，1977，1981；May，1979）。这两个限制性原则体现出句法"局域性"研究中的两个特点：第一是句法域操作的绝对性较强。最简方案所提倡的"语段不可渗透条件"对操作对象的区分度较差，即语段不允许外部操作涉及其补语中的任何成分，仅仅能够涉及其中心语和边缘位置（edge）：

　　（2）语段不可渗透条件

　　　　在语段 a 中，仅其中心语 H 及其边缘位置能够被外部操作涉及，中心语 H 的补语不能被外部操作所涉及。　　　（Chomsky，2000：108）

　　第二，"不当移位限制"的规定性较强，即单纯地规定论元移位至非论元位置的不合法性，没有触及现象背后的句法制约机制。此外，传统句法理论关于局域性的研究主要关注论元移位/非论元移位的二元性差异，但事实情况要复杂得多（Keine，2020：3）：

　　（3）a. Everybody believes〔John to be certain〔that Fred is Crazy〕〕

　　　　b. John$_i$ is believed〔t_i to be certain〔that Fred is crazy〕〕（by every-body）

c. * [John$_i$ is believed [t_i to be certaint_j] by everybody [that Fred is crazy]$_j$]

（Baltin，1978：44）

由（1）和（3）可以看出，英语在句法移位方面并不表现为简单的"论元/非论元"式区分。英语的定式小句允许其中的非论元移出，而不允许其中的论元移出。而英语的非定式小句则允许其中的论元和非论元移出，而不允许外置（extraposition）操作（3）c。生成语法学家设立了独立的"右向移位限制"（Right Roof Constraint）条件来阻止英语中的外置操作（Ross，1967）。

和不当移位限制一样，右向移位限制的规定性较强，且专为英语而特设，从而削弱了其理论解释力。

除此之外，同样类型的句法移位在相同的句法域内也会表现出不同的限制性特征。比如德语中的动词居后型（V-final）小句对疑问词移位、关系化操作和置换（scrambling）等非论元操作表现出不同的限制性特征（Keine，2020：4）：

（4）a. Wen$_i$　　hat er gesagt [dass Maria t_i gesehen hat]？

who. $_{ACC}$ has he said　that Maria　seen　has

'Who did he say that Maria saw?'

b. ? *eine　Frau　[die$_i$ er gesagt hat [dass Maria t_i gesehen hat]]

a　woman　who. $_{ACC}$ he said　ha　that Maria　seen　has

'a woman who he said that Maria saw'

c. * Er hat [diese Frau]$_i$　　gesagt [dass Mariat_i gesehen hat]

he has　this woman. $_{ACC}$　said　that Maria　seen has

'He said that Maria saw this woman. '

（4）中的 a 项、b 项和 c 项分别是德语中的疑问词移位、关系化操作和置换操作。可以看出，动词居后型小句允许其中的疑问词移出，但不允许其内部成分进行关系化和置换操作。这说明不同类型的非论元移位在同一个句法域内的句法表现不同。单纯的二分式区分（论元/非论元）并不能为这种现象提供解释。相同的情况在其他语言中也有体现，下面是意大利语中的例子（Keine，2020：8）：

(5) a. Rapidamente，(* Gianni dice che) hanno risolto il problema.

'Rapidly，(Gianni says that) they solved the problem.'

b. Il problema，(Gianni dice che) lo hanno risolto rapidamente.

'The problem，(Gianni says that) they solved it rapidly.'

(Rizzi，2004：249)

(5) a 说明，意大利语不允许副词跨越小句进行移位，而允许跨越小句的话题化操作 (5) b。此外，在西班牙语、俄语、波兰语、肯尼亚基库尤语（Kikuyu）中也存在类似的语言现象。到目前为止，生成语法学界尚未对语言中这种纷繁多变的局域性限制现象提供统一的解释，而是采用具体的规则针对具体的语言现象进行限制，比如针对英语超强提升和外置操作而设立的不当移位限制和右向移位限制等。这些具体的句法限制原则特设性很强，往往不能为语言现象的跨语言变异提供解释。有鉴于此，美国南加州大学（University of Southern California）语言学系的助理教授 Stefan Keine 深度挖掘了自然语言句法结构中"探针"的运算方式及句法范域（horizon），重新定义了语段的主要类型及运作方式，尝试为自然语言中形态各异的"选择性移位限制"（selective opacity）现象提供整齐划一的理论解释。

Keine 关于探针句法运算的论述集中体现在其于 2020 年 3 月出版的《探针及其范域》（*Probe and Their Horizons*）一书中。该书是语言探索系列专著中的第 81 部，由美国麻省理工学院出版社出版。在该书中，作者以印度－乌尔都语（Hindi－Urdu）和德语为主要语料，提出了探针运算中"范域"这一理论概念，重新定义了语段的范围，并通过范域－语段互动的方式为自然语言中的"选择性移位限制"提供了统一的解释，是最简方案框架下关于句法运算和局域性研究的最新发展。

5.2　基本观点及操作要件

5.2.1　基本观点及理论特征

Keine（2020）将自然语言中的"选择性移位限制"视为一种普遍的语言现象，并由此对句法运算中局域性的本质进行了更为深刻的思考。Keine认为，将"选择性移位限制"视为语言中的普遍现象可以得出两条普遍性的语言规律：第一条是"高度－局域性关联"（Height－Locality Connection），陈述如下：

（6）句法移位具有不同的落脚点（landing site）。落脚点在句法结构中
　　　的位置越高，该移位过程能够跨越的句法结构越多。

（Keine，2020：12）

这一点在英语中拥有明显的例证：wh－移位和DP移位的落脚点分别为［Spec，CP］和［Spec，TP］位置，由于［Spec，CP］在结构上高于［Spec，TP］，wh－移位能够跨越更多的句法结构（定式和非定式小句），而DP移位仅能跨域非定式小句。

Keine认为句法位置和局域性之间具有相关性：即句法位置会对句法操作的局域性进行限制，而不是严格意义上的决定关系。这一点和Sternefeld（1992）和Williams（2003，2011，2013）以及Abels（2012）等

人所秉持的强势观点不同。前者将局域性视为结构位置的直接函项，而后者将结构位置归结为局域性特征。

第二条规律和第一条规律之间存在内在联系，被称为"句法结构蕴含"（Upward Entailment），表述如下：

（7）如果一个小句不允许句法操作涉及其内部成分，在结构上更大的小句也不允许该操作涉及其内部的成分。

（Keine，2020：15）

需要指出的是，较小的小句在结构上与较大的小句之间存在真子集（proper subset）的结构关系。比如以下例句：

（8）a. ＊ [John$_i$ is believed [$_{TP}$ t_i to be certain t_j [by everybody [that Fred is crazy]$_j$]

b. ＊ [It is believed [$_{CP}$ that John is certain t_j] by everybody [that Fred is crazy]$_j$]

上例显示，英语中 TP 不允许其内部成分进行外置操作，结构上更大的 CP 同样也不允许其内部成分进行外置操作。

以"语段不可渗透条件"为代表的局域性限制条件主张严格的二分性（Chomsky，2000，2001b），即在进行"拼出"操作之后，语段要求所有的句法操作均不能涉及语段中心语补语的内部成分。从这个意义上讲，语段对于句法操作的限制是"非选择性的"（unselective）。但同一个句法域在很多情况下对句法运算表现出"选择性"的限制特征，比如例（5）中所示，意大利语不允许副词跨越小句提升移位至句首，而允许话题化操作。此外，以往对局域性的研究大多局限于动态的移位操作，对静态的一致关系（agreement）的操作并未给予足够的重视。

有鉴于此，Keine（2020）提出了一种新型的句法局域性理论，将其称为"句法范域"（horizon）。"范域"即探针在句法运算中所能涉及的范围和领域，在探针"范域"之外句法结构不能为该探针所涉及。"句法范域"的定义如下：

(9) 如果一个探针［*F*］将语类特征δ作为其句法范域（用符号标记为［*F*］┤δ），那么由探针［*F*］发起的搜寻操作在携带特征δ的节点X处停止，即由X所支配的所有节点均处于探针［*F*］的搜寻空间（search space）之外。

（Keine，2020：24）

具体来说，如果探针π_1将中心语C作为其范域，即π_1┤C，那么该探针只能在π_1和CP之间的区域进行句法操作，CP所成分统制（c-command）的所有节点均不能被探针π_1涉及，包括CP的边缘位置［Spec，CP］。句法范域的特征在于它的相对性：CP可以构成某一探针的范域，但对于其他探针来讲，它可能并不构成其范域，这一特点可以表示如下：

(10) ［π_2 π_1 ... [$_{CP}$ ... DP ...]]　　（π_1┤C，π_2┤╫C）

在（10）中，中心语C构成探针π_1的范域，而不构成探针π_2的范域。因此，探针π_1的搜寻操作在CP节点停止，其不能涉及CP内部的DP短语。而探针π_2可以跨越CP节点并涉及其内部成分。因此，"范域"这一局域性概念是相对性的，和探针的具体类别有关。

和语段不同的是，范域内部的句法成分（包括边缘位置）均不能被外部的句法操作涉及，体现出鲜明的绝对性特征。而语段的边缘位置（比如［Spec，CP］）为其内部成分的外部移位提供了必要的应急出口（escape hatch），体现出一定程度的通透性特征。此外，"句法范域"将研究重心从对句法移位限制的解释转向对探针运算和一致关系的解释上，同时关注句法运算中的移位操作和非移位操作，从而进一步扩大了其解释范围。

基于"句法范域"的解释体现出以下四个特征：

相对性（relativity）基于句法范域的理论解释认为，句法域对于句法操作的限制性是相对的，和具体的句法操作有关。正如在现实生活中，地平线相对于不同的观察着来说，具有不同的表现形式。但句法范域和语段绝对的局域性并不冲突，二者共同制约着结构成分的句法表现。

普适性　句法范域能够涵盖不同形式的句法依存关系，将移位操作和非移位操作纳入研究范围。诸如"不当移位限制"等原则仅仅对移位操作做出限制，禁止从［Spec，CP］位置向［Spec，TP］位置移位，对非移位性操作关注不够。基于"范域"的句法理论不但能为语言中的移位操作做出解释，还可以对非移位操作提供解释，比如印度语中的φ一致和 wh－允准（licensing），显示出较强的普适性。

非二元性（nonbinarity）句法范域的解释力超越了语言中 A/Ā－移位的二元性差异，为自然语言中纷繁多变的移位现象提供了解释，比如印度－乌尔都语中的 Ā－移位和 wh－允准，德语中的 wh－移位和关系化操作，波兰语中的置换和话题化操作均能在此框架下得到合理的解释。

缺陷性干涉（defective intervention）构成句法范域的节点本身可能无法进行句法操作，如下例所示：

（11）α... ［β...γ...］...

β构成了探针α的范域，造成α无法涉及β内部的成分γ。这种干涉效应在 Chomsky（1995）中体现为最短连接条件，即β为α最短的一致性目标，因此阻止了探针α和较远距离的γ进行一致性操作。在句法范域的理论框架中，β本身可能无法与探针产生句法关系。

5.2.2　双边加标

双边加标（bilateral labeling）是范域理论框架中的一个重要的句法操作。我们先看加标算法的具体操作：

（12）中心语－补语加标

设 α 为中心语，其标记为 [λ_α]，β 为一复杂句法实体，其标记为 [λ_β]。

a. 如果 α 为词汇性成分，那么合并（α，β）＝{[λ_α]，{α，β}} 单边加标

b. 如果 α 为功能性成分，那么合并（α，β）＝{[λ_α，λ_β]，{α，β}} 双边加标

（Keine，2020：136）

上述加标操作在扩展性投射（Grimshaw，1991，2000）中进行，当中心语为词汇性成分时，词汇性中心语进行投射（12a）；当中心语为功能性成分时，中心语和补语共同投射。具体操作如图 5－1 所示：

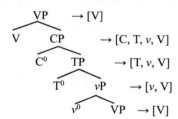

图 5－1 加标操作模式图

图 5－1 中，CP－TP－vP－VP 构成扩展性投射，词汇性的 VP 投射出标记 [V]，即单边标记，功能性中心语 v^0 和 VP 合并时采用双边加标，v^0 和 VP 共同投射出标记 [v，V]。同样，功能性中心语 T^0 和 C^0 在与其补语合并时也采用双边加标，使标记中同时含有中心语和补语的特征。

双边加标是"范域"理论中一项重要的句法操作，并且能够为"句法结构蕴含"提供解释。上文指出，"句法结构蕴含"是指如果某一句法结构（比如 TP）不允许句法操作涉及其内部成分，那么更大的句法结构（比如 CP）也不允许句法操作涉及其内部成分。双边加标可以在树形图中

清晰地揭示这一现象，如图 5－2 所示：

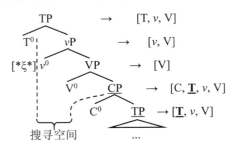

图 5－2　双边加标模式图

假设图 5－2 中探针 ［＊ξ＊］ 以嵌入小句中的特征 T 作为其范域，用符号表示为 ［＊ξ＊］$_{T^0}$⊣ T，即 ［＊ξ＊］ 位于高位中心语 T^0 位置，并以嵌入小句中的特征 T 作为其范域。由于嵌入小句 TP 包含特征 T（其特征为 ［$\underline{T}$, v, V］），探针 ［＊ξ＊］ 无法涉及 TP 内部的句法成分。由于 CP 的特征为 ［C, $\underline{T}$, v, V］，其同样包含特征 T，因此，CP 同样构成探针 ［＊ξ＊］ 的句法范域。这样，"句法结构蕴含" 原则得到了合理的解释。

5.2.3　范域－语段互动

尽管范域理论为句法推导提供了相对性的局域性限制，并且不具备语段所提供的 "应急出口"（即语段的边缘位置），其在句法运算中并不排斥语段的推导与生成。相反，范域和语段相互作用，共同为句法运算提供局域性限制。但是在语段的认定上，范域理论与主流生成学派的观点有所不同。范域理论将 CP 视为语段，消除了及物性 vP 语段的理论地位。Keine 首先以英语的超强提升句为例，证明了 vP 不能成为语段：

（13）　＊Sue_i seems ［$_{CP}$ t_i likes John］．

"不当移位限制" 规定：在英语中，句法成分不能从 ［Spec, CP］ 位置移位至 ［Spec, TP］ 位置。这一规定将移位成分的起始点和落脚点考虑在内，排除了英语中的超强提升结构。如果将 vP 视为语段，（13）中的"Sue"将经历两次移位，中间语迹为 [Spec, vP] 位置：

（14）　* [$_{TP}$ Sue$_i$ [$_{vP}$ t_i seems [$_{CP}$ t_i likes John]]]

第一次移位从 [Spec, CP] 位置移位至 [Spec, vP] 位置，第二次移位从 [Spec, vP] 位置移位至 [Spec, TP] 位置。孤立地看，这两次移位各自合乎语法，但最终却导致"超强提升"效应的产生。这是由于 vP 作为语段对句法运算产生了干扰。此外，从局域性特征来看，vP 和 CP 差异显著，以下是印度 – 乌尔都语中的例子（Keine, 2020：279）：

（15）　tum　　[kyaa kr – naa]　　jaan – te　　　　　ho

　　　　you what do –$_{INF. M. SG}$　know –$_{IPFV. M. PL}$　be –$_{PRES. 3PL}$

　　　　'What do you know to do?'　　　　　　　　　　（Dayal, 1996：23）

印度 – 乌尔都语中的疑问词可以在原位得到允准，这一点 Keine 在《探针及其范域》一书的第二章中进行了详细的讨论。在（17）中，位于嵌入非定式小句中的疑问词"kyaa"被主句中心语 C 允准，这一过程跨域了两个 vP 投射，简要表示如例（16）：

（16）　[$_{CP}$ C [$_{TP}$ T [$_{vP}$ v [$_{VP}$ V [$_{vP}$ v [$_{VP}$ VDP]]]]]]

　　　　[* wh *]　··①·············②·············▸ [wh]

在极端的情况下，wh – 允准甚至能够跨越三个 vP 投射，如例（17）所示：

（17）　? raam [[kyaa　　khaa – naa]　　phir – se　shuruu kar – naa]

　　　　Ram what eat –$_{INF. MSG}$ again　　start do –$_{INF. M. SG}$

　　　　'What does Ram want to start to eat again?'

（18）　[$_{CP}$ C [$_{TP}$ T [$_{vP}$ v [$_{VP}$ V [$_{vP}$ v [$_{VP}$ V [$_{vP}$ v [$_{VP}$ V DP]]]]]]]]

　　　　[* wh *]　··①·············②·············③·················▸ [wh]

相比之下，CP 语段则不允许外部操作涉及其补语的内部成分。除此之外，将 *v*P 视为语段会导致各种各样的操作问题，Keine（2020）对此进行了较为详细的论述。因此，在句法范域的模型下，CP 被视为唯一的语段类型，和句法范域一起共同为自然语言中的局域性限制提供解释。CP 语段的作用在于确保移位的循序性，防止"一次性移位"（one - fell - swoop movement）操作，而句法范域为探针所可能涉及的范围提供限制。比如在下例中，探针［＊F＊］拥有两种可能的范域设置，如图 5 - 3 所示：

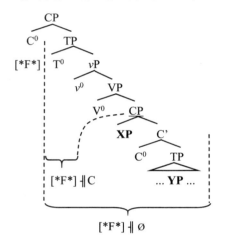

图5 -3 探针［＊F＊］范域设置图

在图5 -3 中，探针［＊F＊］位于高位中心语 C 位置，如果其范域设置为［＊F＊］⊣ C，则［＊F＊］不能涉及嵌入 CP 小句的内部成分①，包括 XP 和 YP。而当范域设置为［＊F＊］⊣ Ø 的时候，探针［＊F＊］能够涉及高位中心语 C 所成分统制的所有句法结构，包含 XP 和 YP。但这两种范域设置要么不能涉及 XP 和 YP，要么可以同时涉及 XP 和 YP，无法对二者进行区别对待。CP 语段的介入可以有效地解决这一问题，如图 5 -4 所示：

---

① 受双边加标操作的影响，当［＊F＊］的范域设置为［＊F＊］⊣ T 的时候，将会产生相同的效应，即 CP 内部的成分无法被外界的句法操作所涉及。

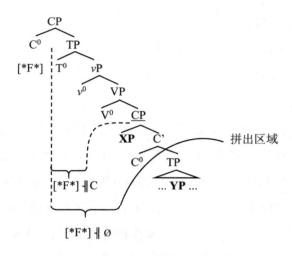

图5-4 CP语段介入示意图

在图5-4中，由于嵌入小句CP被视为语段，其补语TP在进行拼出操作之后便不能再被外部句法操作所涉及。这个时候，如果〔*F*〕⊣Ø，那么位于CP语段边缘位置的XP仍然可以为探针〔*F*〕所涉及，而YP不能。如果〔*F*〕⊣C，则位于CP内部的XP和YP均不能被探针〔*F*〕所涉及。这样，在句法范域和语段互动的作用下，句法推导的局域性限制得到了更好的贯彻与体现。

5.3 探针及其范域的具体应用

5.3.1 印度-乌尔都语中局域性限制的研究

Keine（2020）对印度-乌尔都语中不同类型的嵌入小句的局域性特征进行了较为深入的研究，所涉及的句法操作主要有以下四种：

（19）a. A – 移位

　　　b. Ā – 移位

　　　c. φ – 一致

　　　d. wh – 允准

　　Keine 指出，上述四种句法操作在印度 – 乌尔都语中相互独立，即 φ –
一致并不一定引起 A – 移位，而 Ā – 移位也不以 Wh – 允准为先决条件。φ –
一致和 wh – 允准在该语言中通过长距离一致操作获取，并不驱动句法移位。
与 A – 移位操作相关的探针［＊A＊］和与 φ – 一致操作相关的探针［＊φ＊］
位于中心语 T^0 的位置，而与 Ā – 移位操作相关的探针［＊Ā＊］和与 wh – 允
准操作相关的探针［＊wh＊］则位于中心语 C^0 的位置。通过具体的语言事
实，Keine 将印度 – 乌尔都语的嵌入小句分为非定式小句（包含两个次类）、
定式小句和动名词小句（gerund）三个大类，分别对应以下四种句法结构：

（20）a. vP　　［$_{v\text{P}}$ … ］

　　　b. TP　　［$_{\text{TP}}$ … ［$_{v\text{P}}$ … ］］　　　　　　　　非定式小句

　　　c. CP　　［$_{\text{CP}}$ … ［$_{\text{TP}}$ … ［$_{v\text{P}}$ … ］］］　　　　定式小句

　　　d. NmlzP　［$_{\text{NmlzP}}$ … ［$_{\text{TP}}$ … ［$_{v\text{P}}$ … ］］］　　动名词小句

　　其中非定式小句的结构较小，缺乏 CP 层，体现为 vP 和 TP 两种结
构。定式小句和动名词小句的结构较大，前者拥有 CP 层，后者在 TP 层
外套嵌了一层名物化结构（nominalizing structure）。Keine 深入探索了
（19）中的句法操作在这四种小句类型中的局域性特征，将具体句法操
作的局域性限制总结如下（Keine，2020：144），"√" 表示小句的内部
成分可以被该操作涉及，"×" 则表示不允许进行句法操作，具体情况
如表 5 – 1 所示：

表 5 - 1　印度 - 乌尔都语中不同小句类型的局域性特征

操作类型	探针位置	嵌入小句的结构类型			
		vP	TP	CP	NmlzP
A - 移位	T^0	√	×	×	×
φ - 一致	T^0	√	×	×	×
wh - 允准	C^0	√	√	×	√
Ā - 移位	C^0	√	√	√	×

从表 5 - 1 中可以看出，印度 - 乌尔都语中的嵌入小句对句法操作的限制性并未呈现出简单的二元性差异。相反，其对句法操作的限制情况较为复杂，很难用一条简单的规律进行描述。比如，嵌入性 vP 小句同时允许四种句法操作涉及其内部成分，嵌入性 TP 小句则仅允许 wh - 允准和 φ 一致操作涉及其内部成分。嵌入性 CP 小句仅允许其内部成分进行 Ā - 移位，而嵌入性 NmlzP 小句仅允许其内部成分进行 wh - 允准操作。由于印度 - 乌尔都语中局域性限制的情况复杂，规律性差，传统解释中诸如"不当移位限制"等条件显然无法对此做出解释。基于句法范域的探针操作为此提供了较为可行的解释方案。Keine（2020）在深入研究印度 - 乌尔都语句法表现的基础上，明确了 A - 移位、φ - 一致、wh - 允准和 Ā - 移位等句法操作的探针位置及范域设置（Keine，2020：145）：

（21）a.　［ ＊A＊ ］$_{T0}$⊣ T

　　　b.　［ ＊φ＊ ］$_{T0}$⊣ T

　　　c.　［ ＊wh＊ ］$_{C0}$⊣ C

　　　d.　［ ＊Ā＊ ］$_{C0}$⊣ Nmlz

基于探针设置和嵌入小句的具体结构形式，Keine 为印度 - 乌尔都语中句法操作的局域性限制提供了全面清晰的解释，先看嵌入性 vP 小句的情况，如图 5 - 5 所示：

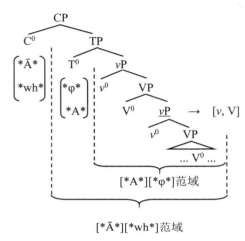

图 5 - 5 探针及其范围在嵌入性 vP 小句中的情况

由图 5 - 5 所示，探针［＊Ā＊］和［＊wh＊］位于 C^0 位置，探针［＊φ＊］和［＊A＊］位于 T^0 位置，这些探针的范围设置由图 5 - 5 所示。由于嵌入性小句为 vP，双边加标使其特征标记为［v, V］，没有携带可以构成上述探针范围的语类特征①，因此，嵌入性 vP 小句允许由（21）所示的句法操作涉及其内部成分。嵌入性 TP 小句的情况，如图 5 - 6 所示：

_____

① 在主句结构的扩展性投射 CP - TP - vP - VP 内部，由于双边加标的影响，探针 C 不能以 T、v 和 V 作为其范围。在同一扩展性投射内部形成的范围被称为"空范围"（vacuous horizon），不能对句法操作起到限制性作用，因此不具备理论地位。

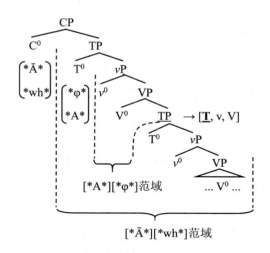

图 5－6　探针及其范域在嵌入性 TP 小句中的情况

图 5－6 表示，探针［＊φ＊］和［＊A＊］以嵌入 TP 小句为其句法范域，因此不能涉及其内部成分。由于探针［＊Ā＊］和［＊wh＊］以 C 为其句法范域，而嵌入小句在结构上不具备 CP 层，因此探针［＊Ā＊］和［＊wh＊］可以涉及嵌入 TP 小句的内部成分。也就是说，嵌入 TP 小句的内部成分可以进行 wh－允准和 Ā－移位操作。这就为印度－乌尔都语中嵌入 TP 小句对句法操作的限制情况提供了解释。定式 CP 小句的局域性限制情况如图 5－7 所示：

由于探针［＊wh＊］以 C 为其句法范域，其搜寻操作在嵌入小句 CP 这一节点停止。也就是说，其不能涉及嵌入小句 CP 的内部成分。尽管探针［＊φ＊］和［＊A＊］以嵌入 TP 小句为其句法范域，由于受到双边加标的影响，嵌入小句 CP 亦包含特征 "T"（如图 5－7 所示，CP 的特征为［C，T，v，V]），因此，嵌入小句 CP 也构成探针［＊φ＊］和［＊A＊］的范域，使二者不能涉及其内部成分。由于探针［＊Ā＊］以 Nmlz 为其范域，而在结构中不存在这一投射，因此探针［＊Ā＊］可以涉及嵌入 CP 小句的内部成分。

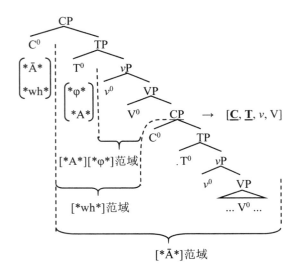

图 5 – 7　探针及其范围在定式 CP 小句中的情况

最后看印度 – 乌尔都语中嵌入性动名词小句的局域性限制情况，由于嵌入性动名词小句和 CP 小句的差别在于 TP 外层套嵌了一层 NmlzP 投射，其在结构方面和套嵌性 CP 小句的情况类似，如图 5 – 8 所示：

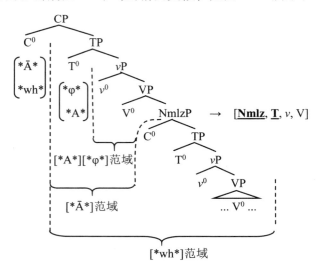

图 5 – 8　探针及其范围在嵌入性动名词小句中的情况

由于探针［∗Ā∗］以 Nmlz 为范域，其不能涉及 NmlzP 中的结构成分。而探针［∗φ∗］和［∗A∗］以 T 为范域，根据双边加标原则，Nmlz 投射包含"T"标记（其语类标记为［Nmlz，T，v，V］），因此 NmlzP 同样构成探针［∗φ∗］和［∗A∗］的范域，使其无法涉及 NmlzP 的内部成分。而由于探针［∗wh∗］以 C 为其句法范域，套嵌小句中不存在 CP 投射，因此探针［∗wh∗］可以涉及 NmlzP 的内部成分。

在句法范域的理论框架下，印度 – 乌尔都语中形式各异的句法局域性限制得到了较为充分的描写与解释。

5.3.2　德语中局域性限制的研究

和印度 – 乌尔都语的情况类似，德语嵌入小句在对句法操作的限制性方面的规律性同样较差，无法通过"非此即彼"的限制性条件予以概括。拥有不同句法结构的嵌入性小句对句法操作的限制性不同。Keine（2020）根据具体的句法表现，将德语中的嵌入性小句分为定式小句和非定式小句两大类，前者包含动词位 2 型（V2）小句和动词居后型（V – final）小句两个次类，后者包含非一致型（noncoherent）非定式小句和一致型（coherent）非定式小句两个次类。其结构特征罗列如下：

（22）a. 动词位 2 型小句　　　ForceP　　　［ForceP … ［CP … ［TP … ［vP … ［VP …]]]]]

　　　b. 动词居后型小句　　　CP　　　［CP … ［TP … ［vP … ［VP …]]]]

　　　c. 非一致型非定式小句　TP　　　［TP … ［vP … ［VP …]]]

　　　d. 一致型非定式小句　　vP　　　［vP … ［VP …]

这四种类型的嵌入性小句对置换、关系化、向动词居后型小句的 wh – 移位（下文简称为 wh – 移位）和向动词位 2 型小句的 wh – 移位（下文简称为话题化，topicalization）等句法操作呈现出不同的局域性限制，具体情况展示如表 5 - 2 所示（论证过程从略，有兴趣的读者可参照 Keine，2020：210 - 228 的分析）：

表 5 - 2 不同小句类型的局域性限制

操作类型	探针位置	嵌入小句的结构类型			
		非定式小句		定式小句	
		一致型 (vP)	非一致型 (TP)	动词居后型 (CP)	动词位 2 型 (ForceP)
置换	T^0	√	×	×	×
关系化	C^0	√	√	×	×
wh - 移位	C^0	√	√	√	×
话题化	$Force^0$	√	√	√	√

表 5 - 2 显示，结构上最小的一致型非限定小句 vP 同时允许置换、关系化、wh - 移位和话题化操作涉及其内部成分，结构稍大的非一致性非限定小句 TP 则不允许置换操作涉及其内部成分，结更大的动词居后型定式小句 CP 不允许置换和关系化操作涉及其内部成分，而结构最大的动词位 2 型定式小句 ForceP 不允许置换、关系化和 wh - 移位涉及其内部成分。表 5 - 2 体现出"句法结构蕴含"这一规律：在结构上，vP < TP < CP < ForceP，而且这些结构之间存在"真子集"的结构包含关系。那么，如果较小的句法结构不允许某一句法操作涉及其内部成分，较大的句法结构也不允许该句法操作涉及其内部成分。在全面考察德语句法运作的基础上，Keine 得出了德语探针的范域设置（Keine，2020：233）：

(23) a. 置换操作：$[\,*\,scr\,*\,]_{T0} \dashv$ T

    b. 关系化：$[\,*\,rel\,*\,]_{C0} \dashv$ C

c. wh - 移位：$\left[\ *\ \mathrm{wh}\ *\ \right]_{\mathrm{C0}} \dashv \mathrm{Force}$

d. 话题化：$\left[\ *\ \mathrm{top}_{(\mathrm{wh})}\ *\ \right]_{\mathrm{Force0}} \dashv \varnothing$

下面看探针及其范域设置为德语中不同类型嵌入小句的局域性特征的解释方案。先看一致型非定式小句（vP）的情况，如图 5 - 9 所示：

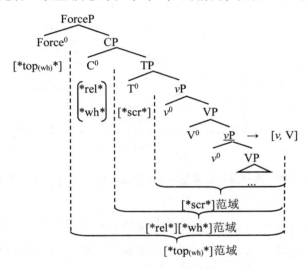

图 5 - 9　探针及其范域在一致型非定式小句（vP）中的情况

如上图所示，和话题化、wh - 移位、关系化和置换操作相关的探针 $\left[\ *\ \mathrm{top}_{(\mathrm{wh})}\ *\ \right]$、$\left[\ *\ \mathrm{wh}\ *\ \right]$、$\left[\ *\ \mathrm{rel}\ *\ \right]$ 和 $\left[\ *\ \mathrm{scr}\ *\ \right]$ 分别位于主句中心语 Force、C 和 T 之上，其范域设置如（23）所示。由于嵌入性一致型非定式小句的结构为 vP，该结构无法构成上述探针的句法范域。因此，（23）中的探针操作均可以涉及 vP 的内部成分。结构稍大的非一致型嵌入小句（TP）的情况如图 5 - 10 所示：

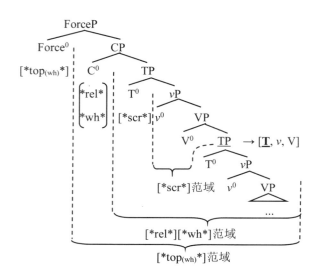

图 5 - 10 探针及其范域在非一致型嵌入小句（TP）中的情况

由于探针［＊scr＊］以 TP 作为其范域，其不能涉及嵌入 TP 小句的内部成分。也就是说，嵌入小句 TP 的内部成分不能进行置换操作。而探针［＊rel＊］以语类 C 为其范域，探针［＊wh＊］以语类 Force 为其范域，探针［＊top(wh)＊］的范域覆盖整个句子。由于嵌入小句仅有 TP 层，不具有 CP 层和 ForceP 层，探针［＊rel＊］、［＊wh＊］和［＊top(wh)＊］均能够涉及嵌入 TP 小句的内部成分。也就是说，嵌入小句的内部成分可以进行关系化、wh - 移位和话题化操作。结构更大的嵌入性 CP 小句的情况如图 5 - 11 所示：

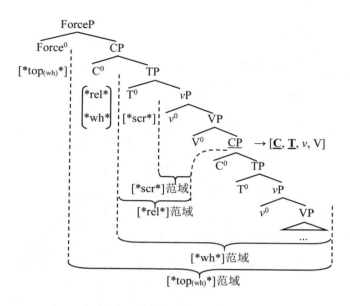

图 5 – 11　探针及其范域在嵌入性 CP 小句中的情况

在图 5 – 11 中，由于探针［＊scr＊］将语类特征 T 作为其范域，而受到双边加标的影响，CP 的语类特征为［C，T，v，V］。因此，探针［＊scr＊］将 CP 视为其范域，不能涉及其内部成分。探针［＊rel＊］以语类特征 C 为范域，因此也不能涉及 CP 的内部成分。由于探针［＊wh＊］以语类特征 Force 为其范域，而嵌入小句不具有 ForceP 层投射，因此探针［＊wh＊］可以涉及嵌入 CP 小句的内部成分。由于探针［＊top$_{(wh)}$＊］的范域为空，其能够涉及其成分统制区域中的任何成分。最后看结构最大的嵌入性动词位 2 型小句 ForceP 的情况，如图 5 – 12 所示：

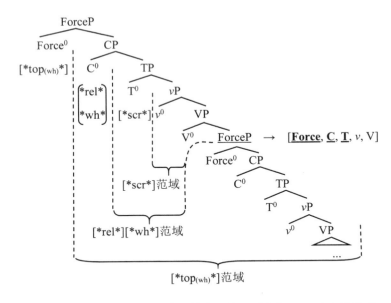

图 5 - 12　探针及其范围在嵌入性动词位 2 型小句 ForceP 中的情况

在图 5 - 12 中，探针 [∗ scr ∗] 以语类特征 "T" 为其句法范围，受双边加标的影响，ForceP 拥有语类标记 [Force，C，T，v，V]，包含语类特征 T。因此，ForceP 构成探针 [∗ scr ∗] 的范围，使该探针无法涉及其内部成分。探针 [∗ rel ∗] 和 [∗ wh ∗] 分别以语类特征 "C" 和 "Force" 为其句法范围。同样，受到双边加标的影响，ForceP 的语类标记为 [Force，C，T，v，V]，其中包含了语类特征 "C" 和 "Force"。因此，ForceP 同样构成了探针 [∗ rel ∗] 和 [∗ wh ∗] 的范围，使其无法涉及 ForceP 的内部成分。最后，由于探针 [∗ top$_{(wh)}$ ∗] 的句法范围为空，其可以涉及 Force^0 所成分统制的任何区域，因此能够涉及 ForceP 的内部成分。通过探针的范围设置，德语嵌入小句的局域性限制也得到了统一的解释。

5.3.3　"不当移位限制"的重新诠释

"不当移位限制"是 Chomsky（1973，1977，1981）和 May（1979）针

对英语"超强提升句"所提出的移位限制条件。其内容如下：

（24）任何成分都不能从 Ā 位置向 A 位置移位。

"不当移位限制"和句法局域性限制（语段及其前身"领属原则"）共同对句法移位做出限制。前者禁止句法成分从［Spec，CP］位置向［Spec，TP］位置移位，后者防止"一次性移位"操作。二者共同排除了英语超强提升句的生成：

（25）＊Sue$_i$ seems ［$_{CP}$ t_i ［$_{TP}$ t_i likes John］］

"Sue"从嵌入小句以循序式移位的方式经［Spec，CP］位置移位至句首［Spec，TP］位置，根据"不当移位限制"，句子不合乎语法。虽然"不当移位限制"能够对英语中的超强提升操作进行限制，其表现出较强的规定性和特设性。此外，"不当移位限制"无法为语言中的"嵌入式移位"（smuggling movement, Collins, 2005a, 2005b）和"后续式移位"（remnant movement, Müller, 1996, 1998）提供解释。"嵌入式移位"指的是（26）中的移位方式：

（26）＊Oscar$_i$ is known ［$_{CP}$ ［how likely $t_i^{\bar{A}}$ to win］$_j$ it was $t_j^{\bar{A}}$］

（Abels, 2009：331）

在例（26）中，嵌入小句 CP 中的成分"how likely Oscar to win"首先进行 Ā – 移位，落脚点为嵌入小句的［Spec，CP］位置，然后其内部成分"Oscar"再进行 A – 移位，落脚点为主句［Spec，TP］位置。由（26）可知，通过这种方式生成的句子不合乎语法。当然，如果简单地制定一条规则，不允许移位成分的内部成分再次移位，可以防止（26）的生成，但仍然无法解释（27）：

（27）？？［Who$_i$ do you wonder ［$_{CP}$ ［which picture of $t_i^{\bar{A}}$］$_j$ Mary bought $t_j^{\bar{A}}$］］？

（Lasnik and Saito, 1992：102）

在例（27）中，成分"which picture of who"首先进行 Ā - 移位，落脚点为嵌入从句的［Spec，CP］位置。其中的疑问词"who"随后再次进行 Ā - 移位，出现在主句句首位置。该句的接受度较低，但大体合乎语法。因此，简单地规定不允许移位成分的内部成分再次移位不能解决实际问题。由于在"嵌入式"移位中，经过 Ā - 移位成分的内部成分从嵌入从句的［Spec，CP］的位置移位至主句［Spec，TP］位置，因此不受"不当移位限制"制约。"后续式"移位也无法通过"不当移位限制"得到解释。"后续式"移位是经过 A - 移位之后所剩下的成分再次进行 Ā - 移位：

（28）［How likely t_i^A to win］$_j$ is Sue$_i$ $t_j^{\bar{A}}$?　　　（Keine，2020：167）

在例（28）中，"Sue"首先进行 A - 移位，从成分"How likely Sue to win"中移出，随后剩下的成分"How likely to win"再次进行 Ā - 移位，提升至句首，句子合乎语法。但如果一个句法结构的内部成分首先进行 Ā - 移位，剩余的成分随后进行 A - 移位，得到的句子则不合乎语法：

（29）a. It is known［which king$_i$ to sell［a picture of t_i］］

　　　b. *［A picture of $t_i^{\bar{A}}$］$_j$ is known［which king$_i$ to have been sold t_j^A］

在例（29）中，"which king"首先进行 A - 移位，从结构"a picture of which king"中移出。剩下的成分"a picture of"随后进行 Ā - 移位，提升至句首，句子不合乎语法。"不当移位限制"同样无法解释（28）和（29）之间的差异。

句法范域理论能够为这些移位限制提供解释。Keine（2020：159）将英语中涉及 A - 移位、Ā - 移位和外置等操作的探针及其范域定义为：

（30）a. ［*A*］⊣ C

　　　b. ［*wh*］⊣ Ø

　　　c. ［*extra*］⊣ T

句法范域能够为英语的超强提升句提供解释，请看下例：

（31）a. Who$_i$ do you think $[_{CP} t_i$ likes John$]$？

b. ＊Sue$_i$ seems $[_{CP} t_i$ likes John$]$．

c. Sue seems $[_{TP} t_i$ to like John$]$．

在（31）a 中，探针［＊wh＊］的句法范域为空，因此可以涉及嵌入小句 CP 的内部结构，其中的 wh－疑问词可以提升移位；而在（31）b 中，探针［＊A＊］的范域为 C，因此不能涉及嵌入小句 CP 的内部结构，"Sue"不能进行移位；而在（31）c 中，嵌入小句为缺陷性的 TP 小句，无 CP 层，因此不构成探针［＊A＊］的范域，"Sue"仍然可以提升移位至句首。（31）中的结构图示简要表示如下（"｛｝"表示探针的范域）：

（32）a. Who$_i$ ｛$_{范域}$C$_{[＊wh＊]}$ do you think $[_{CP} t_i$ likes John$]$｝

b. ＊Sue$_i$ ｛$_{范域}$T$_{[＊A＊]}$ seems｝$[_{CP} t_i$ likes John$]$

c. Sue$_i$ ｛$_{范域}$T$_{[＊A＊]}$ seems $[_{TP} t_i$ to like John$]$｝

下面看嵌入式移位的情况，（26）和（27）之间的区别如下所示：

（33）＊Oscar$_i$ ｛$_{范域}$T$_{[＊A＊]}$ is known｝$[_{CP}[$ how likely t_i^A to win$]_j$ it was $t_j^{\bar{A}}]$．

（34）?? $[$Who$_i$ ｛$_{范域}$C$_{[＊wh＊]}$ do you wonder $[_{CP}[$ which picture of $t_i^{\bar{A}}]_j$ Mary bought $t_j^{\bar{A}}]]$｝？

如（33）所示，主句探针［＊A＊］位于 T 之上，其范域为 CP。也就是说，探针［＊A＊］无法涉及嵌入 CP 小句中的成分，因此无法驱动"Oscar"移位。在（34）中，主句探针［＊wh＊］的范域为空，其可以涉及嵌入 CP 小句中的成分，因此可以驱动"which picture of who"中的"who"进行移位，因此其可接受性比（33）高。"后续式"移位的局域性差异也可以通过探针及其范域得到解释，（28）和（29）之间的差异如下：

（35）$[$How likely $t_i^A$to win$]_j$ ｛$_{范域}$C$_{[＊wh＊]}$ is Sue$_i$ $[_{CP} t_j^{\bar{A}}]$｝？

（36）＊ $[$A picture of $t_i^{\bar{A}}]_j$ ｛$_{范域}$T$_{[＊A＊]}$ is known ｝$[_{CP}$ which king$_i$ to have been sold t_j^A］．

在（35）中，A - 移位在前，Ā - 移位在后。由于 Ā - 移位所涉及的探针［＊wh＊］的范域为空，其可以涉及嵌入 CP 小句的内部成分并驱动移位；而在（36）中，Ā - 移位在前，A - 移位在后。由于和 A - 移位相关的探针［＊A＊］的句法范域为嵌入小句 CP。因此，探针［＊A＊］无法涉及嵌入小句 CP 的内部成分 "a picture of" 并驱动其移位。

5.4　《探针及其范域》（2020）内容介绍及理论简评

5.4.1　主要内容

《探针及其范域》一书共包含七章内容。

第一章 "选择性移位限制"（selective opacity）首先通过描写英语、德语、俄语、西班牙语、波兰语、基库尤语（Kikuyu）和意大利语中形式各异的 "选择性移位限制" 现象，提出了本书的要旨：为自然语言中的 "选择性移位现象" 提供统一的理论解释。作者在本章中提出了 "选择性移位限制" 的两个推论："高度 - 局域性关联" 和 "句法结构蕴含"，明晰了 "范域" 的概念及其相较于传统 "局域性" 概念的理论优势，并简要阐述了 "范域" 和 "语段" 之间的联系。

第二章 "超越移位的选择性限制：基于印度 - 乌尔都语的个案分析" 主要以印度 - 乌尔都语为语料阐明选择性限制不仅仅作用于移位操作，还涉及非移位操作。本章详细探索了该语言中的四种句法操作：A - 移位、Ā - 移位、φ 一致和 wh - 允准。前两种属于移位操作，后两种属于非移位操作。作者随后详细探索了这些操作在四种不同类型（vP, TP, CP,

NmlzP）的嵌入小句中的局域性限制，强调了其所具有的非二元性特征，并指出印度 – 乌尔都语中的语言事实证明了"高度 – 局域性关联"和"句法结构蕴含"的正确性。

第三章"范域"对范域理论的具体应用进行了阐释。本章明晰了印度 – 乌尔都语中探针操作的句法范域，并结合"双边加标"的操作方式为该语言中不同类型的嵌入小句对句法操作的局域性限制提供了解释。本章利用范域理论解释了"嵌入式移位"和"后续式移位"的局域性限制，并讨论了范域的类型（空范域/非空范域）以及范域的习得问题。

第四章"范域和 CP 语段：基于德语的个案分析"探索了范域和语段之间的关系。本章指出，范域和 CP 语段相互作用，共同制约着句法推导和运算。范域对探针的搜寻范围作出限定，语段则确保句法成分的循序式移位。本章对德语中不同类型的嵌入小句（vP，TP，CP，ForceP）的局域性限制进行了分析，并通过德语中"嵌入式移位"和"后续式移位"凸显了句法范域的"局域性"特征。

第五章"对 vP 语段的启示"对 vP 的语段地位进行了质疑，并通过英语超强提升句、印度 – 乌尔都语和德语中的移位现象阐述了将 vP 视为语段所产生的理论问题。本章通过长距离依存关系论证了 vP 和 CP 之间的差异性，指出二者在局域性效应方面存在着显著的差异，并进一步强调，vP 不是语段，而 CP 是语段。

第六章"选择性限制的展望"将范域理论和传统的解释方案进行了比较，从而凸显了探针范域的理论特点：范域理论并不关注移位成分的句法位置和内部特征，也不关注不同移位类型之间的互动。

第七章"结论及前景"回顾了本书的研究目的和主要观点，简要说明了范域理论和 Ross（1967）结构岛限制的可能关系以及"选择性限制"的可能范围，并对今后的研究做出了展望。

5.4.2　简要评价

《探针及其范域》一书的学术价值和理论意义主要体现在以下三个方面：

第一，深化了对于句法操作中局域性限制的研究，将选择性限制视为一种独立存在的语言现象，从而摆脱了以往研究中对于具体移位操作所进行的特设性限制，比如不当移位限制（Chomsky，1973，1977，1981）和右向移位限制（Ross，1967）等。本书将局域性错配视为选择性限制的本质特征，并为自然语言中的"选择性限制"现象提供了理论解释。

第二，本书构建了探针和范域互动的句法推导模式，凸显句法运算中的局域性限制因素。本书将研究视角从对具体移位类型的限制转移到探针类型及其范域设置的互动上，将范域设置视为选择性限制产生的内在原因。

第三，本书废除了 vP 语段的理论地位，进一步精简了句法的运算系统，促进了生成语法理论的优化与完善。以"语段不可渗透条件"为代表的局域性限制条件对运算对象不加区分，并将语段的左缘位置进行保留，供后续运算所涉及。因此，语段并不是完全意义上的不可渗透。"范域"克服了语段所采用的非此即彼的单一限制模式，将句法操作的局域性限制从特定区域的内部限制转移至探针搜索的外部限制，为形式多样的"选择性限制"现象的解释提供了技术支持。

本书在论证的过程中存在一些不足之处，需要在今后的研究中进一步改进。比如本书所涉及的语料主要为印度－乌尔都语和德语，偶涉英语，尤其缺乏以汉语为代表的东方语言。第二，范域设置在不同的探针之间呈现出较大的差异性，同一探针在不同的结构中也具有不同的范域设置模式，缺乏范域设置的跨语言普遍性研究。第三，本书主要针对嵌入小句中的选择性限制进行研究，尚未涉及其他结构类型（比如附加语结构）中的选择性限制现象。

5.5　本章小结

本章对探针及其范域的理论模型进行了介绍。5.1 节阐述理论背景，指出对选择性限制的解释是构建范域理论的内在动因。5.2 节明确了范域理论的基本观点及理论特征，阐述了双边加标和范域 – 语段互动的具体表现。5.3 节是探针及其范域的具体应用，涉及印度 – 乌尔都语和德语中的局域性限制研究和对不当移位限制的重新解释。5.4 节对《探针及其范域》一书进行了简要的介绍和评价。

第六章

普遍语义句法：语义关系的形式化表征理论

6.1 理论背景

在主流形式学派的理论框架中，语义部门被视为狭式句法之后的解释性阶段，长期位于句法研究中的边缘地带。基于语义的句法研究多为各类功能取向的理论模型所崇尚，比如词汇功能语法（Bresnan，1982），依存语法（Tesnière，1959）、意义 – 文本语法（Mel'čuk，1988）、中心语驱动词汇结构语法（Pollard and Sag，1994）以及形式各异的认知语法模型等。同时，欧洲结构主义学派从索绪尔的语言符号理论（Saussure，1966）中汲取灵感，形成了自身颇具特色的句法研究范式。其中最为著名的是由 Carl Ebeling 所创立的符号组合理论（Semiotactics）。"semio –"源自希腊语"sēmeion"，意为"符号"，"tactics"源自希腊语"taktikós"，意为"排列"。"Semiotactics"即"研究语言符号排列组合的科学"。该理论的基本假设是，句法能够表现语言符号之间的语义关系，这些关系可以通过有限的、具有语言普遍性的句法关系进行表征。

Carl Ebeling（1954，1978，1980，1994，2006）对符号组合理论进行了详细的论述。但由于符号组合理论中的专业技术性操作较多，而且其论著多以荷兰语写就，缺乏较为广泛的学术受众。此外，符号组合理论本身尚处于不断发展和完善的过程中，其技术性操作和表征手段也在不断地变化和修正。就目前来看，该理论的研究对象仍以荷兰语为主，尚未被广泛地应用于其他语言结构类型的研究中。为了拓展符号组合理论的应用范围，提升该理论的影响力和学术受众，荷兰莱顿大学 Egbert Fortuin 副教授和 Hetty Geerdink – Verkoren 博士尝试对符号组合理论进行全面系统的介绍。为了凸显该理论的语义指向性和语言普遍性特征，两位学者将符号组合理论命名为"普遍语义句法"（Universal Semantic Syntax），即以纯语义的视角揭示自然语言中普遍性的句法关系的理论。

普遍语义句法的核心观点和技术性操作集中体现在由 Egbert Fortuin 和 Hetty Geerdink – Verkoren 合著的《普遍语义句法：基于符号组合理论的视角》（*Universal Semantic Syntax：A Semiotactic Approach*）一书中。该书于 2019 年 6 月由英国剑桥大学出版社出版，是剑桥语言研究系列专著中的第 160 部。在该书中，Egbert Fortuin 和 Hetty Geerdink – Verkoren 从句法成分之间所具有的普遍性语义关系出发，采用形式化的手段，为自然语言构建出一种描写性的句法解析理论。普遍语义句法将句法关系从短语结构中抽象出来，注重表征语言符号之间的语义关系，为句法理论的研究提供了极为纯粹的语义视角。

6.2 理论原则及技术手段

6.2.1 理论原则及基本概念

普遍语义句法研究有两个基本的理论原则。第一，语言符号由形式和意义这两个不可分割的部分组成。形式和意义相互关联，具体表现为一种形式和一种意义对应（one form – one meaning）。语言中一种形式对应于多种意义的情况大多通过隐喻和转喻的机制形成。第二，意义可以通过区别性特征（或内在性特征）进行描述，这些区别性特征的不同组合会产生不同的意义。普遍语义句法将意义和意义的解释进行了区分：前者是语言形式的固有用法，而后者是语言形式在具体语境中的特定解读。由于普遍语义句法的关注对象是语言的意义，而不是语言的使用，诸如"Two men are carrying two three tables."这样的句子会被分析为一种复杂的意义，尽管这句话在具体的语境中存在不同的解读方式。因此，普遍语义句法在本质上是一种语义 – 句法理论。此外，包含相同事物的情境在不同的释读条件下具有不同的含义，如（1）所示：

（1）a. Peter is reading the book.

b. The book is being read by Peter.

例（1）的两句话中均包含实体"Peter""book"和事件"reading"，但具有不同的释读方式（主动态和被动态）。普遍语义句法将其视为不同的意义，并通过动词意义的多价组配方式进行解释。

在普遍语义句法中，句法关系在本质上是语义关系，"句法"和"符号组合"具有相同的内涵。普遍语义句法中的句法部门关注以下两个方面：第一，话语表达一个或多个语言实体（entity）的方式；第二，意义之间的符号组合关系的种类。语言实体是可以被感官直接或间接感知的单位，对其所进行的描述被称为性质（property）。比如在"red car"中，"car"是语言实体，"red"是性质。如果两个意义指向同一语言实体，则意义发生汇合（convergence），比如"red flower"。如果两个意义不与同一语言实体同指，则意义发生分歧（divergence），比如"John's car"。这是由于在"red flower"中，花是红色的；而在"John's car"中，车并不是约翰。在句法关系的类型上，普遍语义句法认为，自然语言中存在有限的、具有跨语言普遍性的意义关系类型，任何语言的结构类型均可以通过这些有限的关系类型进行表征。比如，在"red cat"和"cat in the tree"中，和"red"和"cat"之间的关系一样，"cat"和"in the tree"之间的关系也被分析为限制关系，尽管前者由形容词和名词组成，而后者由名词和介词短语组成。因此，普遍语义句法中的语义关系是从自然语言中的不同结构类型中抽象出来的。

在句法表征方面，普遍语义句法为语言结构的意义提供具体的形式化表征，其所使用的形式语言属于人工元语言，旨在明确语义关系以及语言实体的表现方式。水平方向的符号用来表征语义关系，垂直方向的符号则用来表现不同的实体与配价。这种形式化的表征方式能够有效地消除歧义，清晰地揭示语言实体之间的语义关系。

6.2.2 符号组合关系

普遍语义句法将语义关系分为限制关系（limitation relation）、复合关系（compounding relation）、等位关系（equipollent relation）、层级关系（stratification relation）及等级关系（gradation relation）五大类，每一大类根据具体情况可以细化为若干小类。

限制关系可以进一步划分为汇合限制（convergent limitation）关系、分歧限制（divergent limitation）关系和时间限制（temporal limitation）关系。汇合限制关系用符号"–"表示，如（2）所示：

（2）old man

　　'man – old'

例（2）中关系符号"–"表示"old man"是"man"的一个子集。"big young dog"则表示为（3）：

（3）big young dog

　　'dog － young － big'

例（3）应该被理解为（（dog － young）－ big），即限制关系符号"－"具有渐进性特征。英语中的定冠词和不定冠词则分别被表示为"THE"和"NONTHE"（Ebeling，1978：165）。因此，"the big dog"可以表示为（4）：

（4）the big dog

　　'dog － big － THE'

分歧限制关系包含两个语言实体，比如英语中的"my book"和"John's bicycle"，二者可以表示为（5）：

（5）a. my book　　　　　　b. John's bicycle

　　'book ↓　　　　　　　'bicycle ↓

　　　　－ I'　　　　　　　　　－ John'

时间限制关系可以对"young granddad"两种意义进行区分，一种是"年轻的爷爷"，一种是"年轻时候的爷爷"，二者可以分别表示为（6）：

（6）a. young granddad　　　　b.（this was）granddad young

　　'granddad － young'　　　'granddad ~ young'

复合关系用来表征复合词内部成分之间的关系，可以进一步分为汇合复合关系和分歧复合关系，分别用符号'∪'和'↓∪'表示。当复合词中的两个成分在语义上汇合时（即两个成分共同指向同一语言实体），二者之间的关系即为汇合复合关系，比如（7）中所示的英语和荷兰语中的例子：

（7）a. a blackbird　　　　　　　　b. een frisdrank

　　'bird ∪black － NONTHE'　　　'a soft drink'

　　　　　　　　　　　　　　　　　'drank ∪fris － NONTHE'

"wheelchair" "silversmith" 等复合词中的两个成分之间的语义关系是分歧的，用符号表示为（8）：

（8）a. a wheelchair   b. a silversmith

     'chair ↓ – NONTHE   'smith ↓ – NONTHE

       ∪wheel'   ∪silver'

如果一个结构中的两个部分彼此互不支配，那么二者之间的关系即为等位关系（Jespersen，1984：11）。等位关系用符号"·"表示，比如"Samuel Johnson"可以表示为（9）：

（9）Samuel Johnson

     'Samuel · Johnson'

层级关系是结构的组成部分在整个结构层面上所呈现出来的关系，用符号"/"表示。符号左边是组成部分的区别性特征，符号右边是对整个结构的进一步描写。比如"the two young dogs"和"the old men"可以进行如（10）表征：

（10）a. the two young dogs   b. the old men

     'dog – young / 2 – THE'   'man – old /PL – THE'

等级关系将语言实体的性质划分为不同的等级。比如在"very big dog"中，"big"和"dog"之间是限制关系，"big"和"very"之间是等级关系。"terribly cold weather"也体现出等级关系。等级关系用符号表示为">"，"very big dog"和"terribly cold weather"可以进行如（11）表征：

（11）a. very big dog   b. terribly cold weather

     'dog – big > very'   'weather – cold > terribly'

等级关系可以细化为逆向等级关系和时间等级关系。前者用来表征并列结构，用符号"<"表示；后者对语言实体的时间特征做出区分，用符

号"⊃"表示，比如"I like my tea cold"可以表示为（12）：

（12）I like my tea cold

　　　'...［like₂］；tea ⊃ cold...'

6.2.3　主谓关系及配价

普遍语义句法中的主谓关系通过联结（nexus）关系进行表示，主语被称为"第一联结成分"，谓语被称为"第二联结成分"。自然语言的主谓关系可以表征如（13）所示：

（13）'Σ

　　　　x = y'

例（13）中"Σ"对句子的类型、时态、语气等信息进行说明，"x"和"y"分别表示主语和谓语成分。比如"The dog is big."和"There are cats everywhere."可以表示如（14）所示：

（14）a. The dog is big.　　　　　b. There are cats everywhere.

　　　　　'Σ／PR　　　　　　　　　　'Σ／PR／THERE

　　　　Dog – THE = bog'　　　　cat／PL = be > everywhere'

例（14）中"PR"表示现在时态，"THERE"表示存在句，"PL"表示复数。缺乏主谓关系的句子，比如感叹句"A mouse!"和祈使句"Be quiet."等可以表示例（15）（感叹句和祈使句分别用"EXCL"和"IMP"表示）：

（15）a. A mouse!　　　　　　　b. Be quiet.

　　　　'Σ／EXCL　　　　　　　　'Σ／IMP

　　　mouse – INDEF'　　　　　X = quiet'

在谓语的配价方面，普遍语义句法通过在动词和介词的右侧进行下标的方式予以表示。比如在"John reads a book."和"The cat in the tree is grey."中，"read"和"in"均是二价的，这两句话的语义关系可以表示为（16）：

(16) a. John reads a book.　　　　　 b. The cat in the tree is grey.

$\quad$ 'Σ / PR　　　　　　　　　　　'Σ / PR

$\quad$ John $=$ [read$_1$]　　　　　 cat $-$ THE $-$ [in$_1$] $=$ grey

$\qquad$ [read$_2$] ; book $-$ NONTHE'　　 [in$_2$] ; tree $-$ THE'

表示并列的"and"也是二价的，因此，"John and Tom are friends"可以表示为（17）：

(17) John and Tom are friends.

$\quad$ 'Σ / PR

$\quad$ John $-$ [and$_1$] $=$ friend / PL

$\qquad$ [and$_2$] ; Tom'

包含三价动词"give"的"I gave John a book."则表示为（18），其中"PA"为过去时态：

(18) I gave John a book.

$\quad$ 'Σ / PA

$\quad$ I $=$ [give$_1$]

$\qquad$ [give$_2$] ; book $-$ NONTHE

$\qquad$ [give$_3$] ; John'

句子中的空成分用符号"X"进行表示。比如在"He ate the whole day."和"He is older."中，"eat"的宾语和"old"的比较对象取决于具体语境。这两句话可以表示为（19）：

(19) a. He ate the whole day.

$\quad$ 'Σ / PA

$\quad$ he $-$ [eat$_1$] $>$ day $-$ whole $-$ THE

$\qquad$ [eat$_2$] ; X'

b. He is older.

'Σ / PR

he = old > [COMP$_1$]

[COMP$_2$] ; X'

诸如"I want to walk."和"I have nothing to say"之类的控制句可以表示为（20），左上角的"a"表示语义上的同指：

(20) a. I want to walk.　　　　b. I have nothing to say.

'Σ / PR　　　　　　　　　　'Σ / PR

^{a}I = want > [to$_1$]　　　　^{a}I = [have$_1$]

[to$_2$] ; Σ　　　　　[have$_2$] ; nothing − [to$_1$]

^{a}X = walk　　　　　　　　　[to$_2$] ; Σ

^{a}X = say'

其他涉及配价的结构包括并列句、主从复合句、关系从句等，如（21）所示：

(21) a. John shouted and everybody waved.

b. He told me that it was very interesting.

c. When he leaves, I will leave too.

d. Had I known, I would have told you.

e. The man who owns the bar is John.

f. The man, who owns the bar is John.

在例（21）中，a 项为并列句，b 项为宾语从句，c 项为时间从句，d 项为条件从句，e 项为限制性关系从句（语义关系用符号"⊢"表示），f 项为非限制性关系从句。其语义关系的形式化表征如（22）a 至（22）f 所示：

(22) a. John shouted and everybody waved.

　　'Σ /PA　　　　> and <　　　Σ / PA

John ＝ shouted | everybody ＝ wave'

b. He told me that it was very interesting.

　　'Σ / PA

he ＝ [tell$_1$]　　> [that$_1$]

　　　[tell$_2$] ; I | [that$_2$] ; Σ / PA

　　　　　　it ＝ interesting > very'

c. When he leaves, I will leave too.

　　'Σ /PR　　　　　> [when$_1$]

I ＝ [will$_1$] > too　　|　　[when$_2$] ; Σ / PR

　[will$_2$] ; Σ　　　|　　　　he ＝ leave

　　　X ＝ leave'

d. Had I known, I would have told you.

　　'Σ / PA　　　　　　> [COND$_1$]

I ＝ [will$_1$]　　　| [COND$_2$] ; Σ / PA

　[will$_2$] ; Σ　　|　　I ＝ [have$_1$]

　　X ＝ [have$_1$]　|　　　[have$_2$] ; know > PF

　　　[have$_2$] ; [tell$_1$] > PF

　　　　　[tell$_2$] ; you'

e. The man who owns the bar is John.

　　　　'Σ / PR

man － THE － [who$_1$] ＝ John

　　　　Σ / PR

　　[who$_2$] ＝ [own$_1$]

　　　[own$_2$] ; bar － THE'

f. The man，who owns the bar is John.

$$\text{‘}\Sigma\ /\ PR$$

$$\text{man} - \text{THE} \vdash [\,\text{who}_1\,] = \text{John}$$

$$\Sigma\ /\ PR$$

$$[\,\text{who}_2\,] = [\,\text{own}_1\,]$$

$$[\,\text{own}_2\,]\ ;\ \text{bar} - \text{THE}'$$

除此之外，Egbert Fortuin 和 Hetty Geerdink – Verkoren 还对自然语言中的集合表达式（习语表达）、性状复合结构（Bahuvrihi）、否定结构、助动词"do"以及同位语结构的语义关系进行了形式化的表征。

6.3　普遍语义句法的具体应用

6.3.1　名词修饰的研究

普遍语义句法对于名词修饰的研究涉及复合词、形容词和副词、属格结构、属格复合结构、介词短语、名词和数量词、性状复合结构等名词性结构中语义关系的形式化表征。名词复合词、形容词/副词修饰语、属格结构和介词短语的语义表征在 6.2.2 节和 6.2.3 节中已经提及，属格复合结构如"his new captain's uniform"和"her warm mother's heart"可以进行如（23）表征：

（23）a. his new captain's uniform　　b. her warm mother's heart

　　　　'uniform ↓　　 – new ↓　　　'heart ↓　　 – warm ↓

　　　　∪captain ｜　– he'　　　　∪mother ｜ – she'

涉及数量结构的名词短语如"four pieces of wood"和"Each day is different."可以表示为（24）：

(24) a. four pieces of wood　　　　b. Each day is different.

'piece – [of$_1$] / 4　　　　　　　'Σ / PA

[of$_2$]；wood'　　　　　　day / each ＝ different'

在性状复合结构中，联结成分的所指是一实体，而非情境，用符号"X"表示。这一实体包含两个汇聚性成分，二者共同修饰名词性中心语。比如"a wide – brimmed hat"可以表示为（25）：

(25) a wide – brimmed hat

'hat – X – NONTHE

brim ＝ wide'

6.3.2　动词结构的研究

普遍语义句法对情态动词、不定式结构、动名词结构、进行时态结构、过去分词结构等和动词有关的结构进行了形式化的语义表征。根据情态动词的不同意义，普遍语义句法对其进行了不同的语义表征，比如当"must"表达推测意义时，其被分析为一种情境，位于结构表征的最高层。而当其表示"必须"的时候，其被分析为二价动词。荷兰语中的"moeten"（相当于英语中的"must"）的情况与之类似。为了表征手段上的统一性，普遍语义句法将情态动词分析为二价动词，"He must be home."和"He can't come."的表征形式如（26）所示：

(26) a. He must be home.　　　　　b. He can't come.

'Σ / PR　　　　　　　　　'Σ / PR

he ＝ [must$_1$]　　　　　　he ＝ [can$_1$] > NON

[must$_2$]；Σ　　　　　　[can$_2$]；Σ

X ＝ be > home'　　　　　X ＝ come'

　　和主流形式学派类似，普遍语义句法将不定式作为一种独立的情境单独进行处理，不定式前面的空主语用符号"X"表示。普遍语义句法根据不定式的形式及成分地位对其进行表征，比如光杆不定式结构和带"to"的不定式结构"Can you help me?"和"He agreed to help me."可以分别表示为（27）所示：

（27）a. Can you help me?　　　　　　　b. He agreed to help me.

$$'\Sigma \,/\, PR \,/\, Q$$

$$\text{you} = [\,\text{can}_1\,]$$

$$[\,\text{can}_2\,]\,;\,\Sigma$$

$$X = [\,\text{help}_1\,]$$

$$[\,\text{help}_2\,]\,;\,\Gamma$$

$$'\Sigma \,/\, PA$$

$$\text{he} = [\,\text{agree}_1\,]$$

$$[\,\text{agree}_2\,]\,;\,\Sigma$$

$$X = [\,\text{help}_1\,]$$

$$[\,\text{help}_2\,]\,;\,\Gamma$$

　　稍微复杂一点的不定式结构比如"He helped me to finish on time."的形式化表征如（28）所示：

（28）He helped me to finish on time.

$$'\Sigma \,/\, PA$$

$$\text{he} = [\,\text{help}_1\,] \quad > \quad [\,\text{to}_1\,]$$

$$[\,\text{help}_2\,]\,;\,I \,\mid\, [\,\text{to}_2\,]\,;\,\Sigma$$

$$X = \text{finish} > [\,\text{on}_1\,]$$

$$[\,\text{on}_2\,]\,;\,\text{time}'$$

　　在普遍语义句法中，动名词结构也被当作独立的情境进行表征，与不定式结构不同的是，动名词结构的表征中无"X"符号，原因是普遍语义句法更为注重动名词的动作性。此外，由于动名词的逻辑主语可以根据语境进行诠释，动名词的语义关系中不存在第一联结成分，也没有符号"="。比如"I like walking."和"He avoided talking to her."的形式化表征如（29）所示：

（29）a. I like walking.   b. He avoided talking to her.

    'Σ / PR   'Σ / PA

        I = [like$_1$]   he = [avoid$_1$]

             [like$_2$] ; Σ   [avoid$_2$] ; Σ

                 walk'   talk > [to$_1$]

                                     [to$_2$] ; she'

动词的现在分词可以表示时间，其结构的形式化表征通过时间等级关系符号"⊃"进行表示，比如"She left crying."和"He woke up screaming."可以进行如（30）表征：

（30）a. She left crying.   b. He woke up screaming.

    'Σ / PA   'Σ / PA

      she = leave ⊃ cry'   he = wake > up ⊃ scream'

动词的过去分词表示已经完成的动作，用符号"PF"（perfective）表示。Egbert Fortuin 和 Hetty Geerdink – Verkoren（2019）对"be + 过去分词"和"have + 过去分词"结构进行了形式化的表征。比如"His appetite was gone."和"He has walked"的形式化表征如（31）所示：

（31）a. His appetite was gone.   b. He has walked.

      'Σ / PA   'Σ / PR

    appetite ↓ = go > PF   he = [have$_1$]

        – he'   [have$_2$] ; walk > PF'

6.3.3 非人称结构的研究

普遍语义句法对自然语言中的非人称结构和存现结构也进行了形式化的研究，涉及英语、荷兰语、俄语、日语、雷布查语（属藏缅语族）等。在非人称结构"It rained yesterday."中，主语"it"不具备题元意义，不能被其他名词短语所替代，其作用在于为句子提供主语。例（32）俄语的句子与之类似：

（32）Morosilo.

　　drizzle – 3SG – N – PA

　　'It was drizzling.'

普遍语义句法认为，这类非人称结构中不存在主语成分。因此，英语"It rained yesterday." 与俄语"Morosilo." 的形式化表征分别如（33）所示：

（33）a. It rained yesterday.　　　　b. Morosilo.

　　'Σ／PA　　　　　　　　　'Σ／PA

　　rain ＞ yesterday'　　　　　morosit'

俄语中的属格逻辑主语结构也可以得到形式化的语义关系表征，其中的"X"指"'水'是语言实体 X 的一部分"：

（34）Vody　　　　　　　pribyvalo.

　　Water – GEN　　　rise – 3SG – N – PA

　　'The water was rising.'

　　　　　　　　'Σ／PA

　　　　X －［GEN$_1$］= rise

　　　　　　　［GEN$_2$］；water'

英语存现结构"There are many people there." 和与之相对应的荷兰语存现结构"Er zijn veel mensen daar." 可以表示为（35），（36）中的俄语、日语和雷布查语的存现结构的形式化表征则如（37）所示：

（35）There are many people there.

　　'Σ／PR／THERE

　　people － many － = be ＞ there'

（36）a. Mne　　est'　　　kuda　idti.　　　　　（俄语）

I – DAT be – 3SG – PR whereto　go – INF

'I have somewhere to go. '

b. koko　ni　denwa　　ga aru.　　　　　　（日语）

here DAT telephone NOM　exist – PR

'Here is a telephone. '

c. Kasu – sá　　　　ʔákup nyet nyí ma.　　（雷布查语）

1SG. OBL – GEN　　child two be AST

'I have two children. '

（37）a. 'Σ／PR

Σ　=　be　　　　　　　> ［DAT₁］

X　=　go > somewhere｜［DAT₂］；I'

b. 'Σ／PR

denwa　= aru　>　［ni₁］

［ni₂］；koko'

c. 'Σ／PR／AST

child ↓ ／2　= exist

– I'

6.3.4 其他结构类型的研究

普遍语义句法还对非欧洲语言中的其他结构进行了研究，涉及复合动词、关系从句、否定结构、及物和不及物结构、定指和不定指结构、连动结构等，涉及英语、日语、土耳其语、满语、蒙古语、冰岛语、非洲努佩语（Nupe）、约鲁巴语（Yoruba）等语言。

Egbert Fortuin 和 Hetty Geerdink – Verkoren（2019）所讨论的复合动词

结构包括动词并入（"动词＋动词"组合）和名词并入（"名词＋动词"组合）。我们以动词并入为例进行讨论，比如（38）的日语例句：

（38）kare wa　poketto kara kurama no　kagi o　tori－dashita.

　　　he TOP　pocket from car　GEN key ACC take－pull out－PA

　　　'He took the car key out of his pocket.'

在例（38）中，动词"tori－dasu"包含两个动词，一个是"toru"（取得），另一个是"dasu"（拉）。这两个动作由同一个主语发出。话题位于形式化表征的第一层级，"Σ"左边。主语用"X"表示，在语义上与话题同指。动词并入被描写为汇合复合关系。整个句子的语义关系表征如（39）所示：

（39）'he > TOP < Σ / PA

　　　X = [pull. out ∪take₁]　　　　> [from₁]

　　　　　[pull. out ∪take₂]；key ↓　　| [from₂]；pocket

　　　　　　　　　　　　　　　　－ car'

我们在6.2.3节中讨论过关系从句的形式化表征方式，但有时关系从句中的关系代词并不出现，比如"He is the man I saw yesterday."。而在日语中，不存在关系代词，而且关系从句位于被修饰的名词之前（Makino and Tsutsui, 2008: 379），如（40）所示：

（40）dareka　rooka　　o　hashiru oto

　　　someone　hallway ACC　run－PR sound

　　　'the sound of someone running through the hallway'

　　　'oto ↓

　　　　－Σ / PR

　　　dareka = [hashiru₁]

　　　　　　　[hashiru₂]；rooka'

普遍语义句法对于否定结构的研究主要以日语为例。日语中的否定后缀有两个："– nai" 和 "– masen"。前者用于非正式语体或嵌入小句中，后者用于正式表达的时态小句，属于言语行为的一部分。因此，非正式语体中的否定被视为与动词相关，二者之间的关系为等级关系。而正式语体中的否定旨在表达礼貌，与言语行为有关，位于形式化表达的第一层级。比如（41）中的 "– nai" 和（42）中的 "– masen"：

（41）isoganai   to   basu ni   nori – okureru.

     hurry – not – PR when bus DAT   board – be late – PR

     'When（you）don't hurry,（you'll）be late for the bus.'

     'Σ / PR   > [when$_1$]

     X = be. late $\cup$board > [in$_1$] | [when$_2$] ; Σ / PR

                  [in$_2$] ; bus | X = hurry > NON'

（42）watashi wa   paatii ni   ikimasen.

     I   TOP   party DAT go – POL – PR – not

     'I won't go to the party.'

     'I > TOP < Σ / PR / POL > NON

         X = go > [to$_1$]

            [to$_2$] ; party'

普遍语义句法对及物和不及物结构之间的联系也进行了研究。一般来讲，语言中的及物动词和不及物动词之间具有明显的差异。从配价的角度来说，及物动词可以是二价或三价的，不及物动词是一价的。但有时不及物动词也可用作及物动词，比如 "I walked the street of London." 在日语中，表示移动的不及物动词可以携带显性宾语标记 "o"，可以携带地点宾语。普遍语义句法对这种及物和不及物动词结构之间的语义区别进行了研究，并给出了形式化的表征。比如（43）的日语例句：

（43）a. hito　　ga　michi　ni　　aruku

　　　　people NOM street　DAT　walk – PR

　　　　'People walk to the street.'

　　b. hito　　ga　　michi　de　　aruku.

　　　　people NOM　street INSTR　walk – PR

　　　　'People walk（up and down/ back and forth）in the street.'

　　c. hito　　ga　　michi　o　　aruku.

　　　　people NOM　street　ACC　walk – PR

在例（44）中，"aruku"是移动动词。a 项中的与格标记"ni"表示静态位置，相当于英语介词"in"。当和移动动词搭配时，表示动作的方向。b 项中的工具助词"de"表示动态位置，强调动作发生的地点。而 c 项中的宾语标记"o"强调动作发生的整个维度，即"散步的区域是整条街道"。这三种用法的形式化表征如（44）a 至（44）c 所示：

（44）a. 'Σ / PR　　　　　　　　b. 'Σ / PR

　　　　people = walk > [to$_1$]　　people = walk > [in$_1$]

　　　　　　　　[to$_2$]；street'　　　　　　　　[in$_2$]；street'

　　c. 'Σ / PR

　　　　people = [walk$_1$]

　　　　　　　　[walk$_2$]；street'

普遍语义句法对定指和不定指的研究集中于阿尔泰语系中的语言。在这些语言中，名词的定指和不定指通过格标记进行表示。Comrie（1989）指出，某些语言对定指的直接宾语进行特殊的标记，我们以土耳其语为例进行讨论（Egbert Fortuin and Hetty Geerdink – Verkoren，2019：154 – 156）如（45）所示：

（45）Hasan öküz – ü　aldı.

　　　Hasan ox – ACC bought

　　　'Hansan bought the ox. '

在例（45）中，动词的定指直接宾语"öküz"带有宾格后缀"– ü"。而在例（46）中，动词的直接宾语是非定指的，该宾语前有不定标记"bir"，而不具有宾格标记：

（46）Hasan bir öküz aldı.

　　　Hasan an　ox　bought

　　　'Hasan bought an ox. '

在同样的句子中，如果没有不定标记"bir"，也无宾格标记，名词短语也是不定指的，但是名词的数量不定，可以是单数，也可能是复数，如（47）所示：

（47）Hasanöküz aldı.

　　　Hasan ox　bought

　　　'Hasan bought an ox（or oxen）. '

例（45）至例（47）的语义表征如（48）a 至（48）c 所示：

（48）a. 'Σ／PA

　　　Hasan ＝ ［buy$_1$］

　　　　　　　［buy$_2$］；ox／SING – DEF

　　　b. 'Σ／PA

　　　Hasan ＝ ［buy$_1$］

　　　　　　　［buy$_2$］；ox／SING – INDEF'

　　　c. 'Σ／PA

　　　Hasan ＝ ［buy$_1$］

　　　　　　　［buy$_2$］；ox – INDEF'

普遍语义句法对非洲努佩语中的连动结构进行了研究，根据 Tallerman（1998），连动结构具有以下特征：第一，两个动词之间无其他成分（及物动词的宾语除外）；第二，两个动词共享主语；第三，对整个结构的否定只需要一个否定标记；第四，两个动词在时态和语气标记方面必须共享。比如（49）的非洲努佩语例句：

（49）Musa bé　　lá　　èbi.

　　　Musa came took knife

　　　'Musa came to take the knife.'

例（49）中的两个动词均为过去时，具有相同的句法地位，应该被分析为等位关系。类似的还有非洲约鲁巴语，比如（50）的例子中，第一个及物动词携带宾语：

（50）ó　　mú　　ìwé wá.

　　　3SG took book came

　　　'He brought the book.'

例（49）和例（50）的形式化表征分别如（51）a 和（51）b 所示：

（51）a.'Σ／PA

　　　　　Musa ＝ come · [take$_1$]

　　　　　　　　　　　　[take$_2$]；knife'

　　　b.'Σ／PA

　　　　　he ＝ [take$_1$]　·　come

　　　　　　　　[take$_2$]；book'

6.4 《普遍语义句法：基于符号组合理论的视角》（2019） 内容介绍及理论简评

6.4.1 主要内容

除引言和结论之外，《普遍语义句法：基于符号组合理论的视角》一书共包含十七章的内容，可分为两大部分。

引言部分阐明了符号组合理论的产生背景和理论特点，强调了普遍语义句法的纯语义研究视角、研究重心和理论特征。

第一部分是理论探索，包括第一章至第十二章的内容。

第一章"理论原则"主要阐明了普遍语义句法的理论原则及基本概念，并描述了该理论框架下的形式化表征方式。第二章"符号组合关系及符号"详细介绍了自然语言中的语义关系类型以及详细的符号表征方式。第三章"联结：主谓关系"探索句子结构的表征方式，并对自然语言中的be动词句、省略结构、祈使句和感叹句进行了研究。第四章"配价"则在普遍语义句法的理论框架下探索了不同类型的配价结构的形式化表征方式。第五章"集合表达式'SE'"主要关注习语表达的形式化表征方式。第六章"实体性联结关系"主要探索性状复合结构的形式化表征方式。第七章"否定结构"主要研究自然语言中否定结构的形式化表征。第八章"助动词'do'"将实义动词"do"和助动词"do"进行了区分，并探索了助动词"do"在否定句、疑问句和祈使句中的表征方式。第九章"同位成分"提出了同位关系的表征方式，并对英语中的同位结构进行了简要的研究。第十章"形式句与句法句"明确了形式句和句法句的内涵差异及符号表征方式。第十一章"抽象"将抽象意义等同于普通意义进行研究。第十二章"形式化的基本原则"强调了形式化表征的理论意义，进一步明确了普遍语义句法的研究重心。

第二部分是具体应用，包括第十三章到第十七章的内容。

第十三章"名词修饰"探索了和名词短语有关的复合词、等位结构、形容词及副词修饰成分、属格结构、属格复合词、介词短语、数量结构以及性状复合词的形式化表征。第十四章"动词结构"对自然语言中不同类型的动词结构进行了研究，涉及情态动词、不定式结构、动名词结构等。第十五章"非人称结构"对自然语言中的非人称结构和存现结构进行研究，涉及英语、德语、俄语和荷兰语等欧洲语言。第十六章"其他非欧洲语言中的结构类型"涉及非欧洲语言中的动词复合结构、关系从句、否定结构、及物和不及物结构、定指和不定指结构、连动结构等结构的形式化表征。第十七章"语气与命题内容"用形式化的手段对语序变异和态度命题进行了研究。

本书的结论部分回顾了各章要义，并再次阐明了普遍语义句法的基本原则及理论追求。

6.4.2　简要评价

本书构建了一种纯粹基于语义关系的形式化表征手段，为自然语言结构中句法成分之间的语义关系提供了一种具有跨语言普遍性的结构图式。普遍语义句法致力于句法成分之间语义关系的形式化表征，有效地填补了主流生成学派在语义研究中的薄弱地带。

就理论模型而言，普遍语义句法着眼于存在于语言符号之间的语义关系，强调语义的组合性，这一点与构式语法理论有相似之处。在结构表征方面，普遍语义句法采用形式化的手段对自然语言中的语义关系和句法实体进行描写，就这点来说，普遍语义句法与广义短语结构语法和功能合一语法等形式句法学理论相似。普遍语义句法为自然语言中的结构成分提供了形式化的描写手段，为形式句法学的研究提供了新的研究视角。

从本质上讲，普遍语义句法是一种静态的语义关系表征理论。与形式语义学不同，普遍语义句法并不关注语言的真值条件，而是凸显语义类型的有限性，强调语义关系的普遍性，重视语义解释的组合性，注重符号表征的经济性。其形式化的表征手段与主流形式学派所奉行的推导经济性一脉相承。

普遍语义句法的理论构建承袭了欧洲结构主义传统，强调语言符号在结构中的中枢性地位，摈除了先前研究中的烦琐之处，构建出一种更为精简合理的形式化表征理论，为计算语言学、语言类型学、形式句法学、形式语义学、共时语言学、历时语言学等相关学科的发展提供了深刻的理论启示。

本书在章节安排和理论构建方面的不足之处表现在：本书在章节安排方面体现出强烈的不平衡性，有的章节分类过细（比如第十四章和第十六章），论述稍显杂乱。有的章节过于简略（比如第六章和第九章），描写不够充分。在理论构建方面，普遍语义句法太过注重语义关系的静态表达，无视句法结构的动态生成，尚不能为语言中形式各异的移位现象提供解释。如何凸显语义关系的动态性与生成性，并将该理论模型纳入主流生成学派的研究范式中，这是一个值得深刻思考的问题。

6.5 本章小结

本章对普遍语义句法的理论精髓和具体应用进行了较为全面的说明。

6.1 节阐述了普遍语义句法的理论背景，明确了其基于语义关系的研究取向。6.2 节系统介绍了普遍语义句法的理论原则和基本概念，对自然语言中的语义关系类型和主谓关系、配价等进行了说明。6.3 节是普遍语义句法的具体应用，涉及名词短语、动词结构、非人称结构以及非欧洲语言中的其他结构。6.4 节对《普遍语义句法：基于符号组合理论的视角》一书进行了简要的介绍和评价。

第七章

接触理论：句法－韵律互动的推导运算

7.1 理论背景

坚持句法运算的纯粹性是主流生成学派一以贯之的理论主张。以最简方案为代表的形式句法学理论关注自然语言中的移位现象，试图从句法推导的角度为其提供理论解释。比如在英语中，存现句的主语必须位于谓语动词之前，而在意大利语中，存现句的主语可以位于谓语动词之后（Richards，2016：1），如（1）所示：

(1) a. A man has arrived.　　　　（英语）

　　b. È arrivato un uomo.　　　　（意大利语）

　　　is arrived　a　man

　'A man has arrived. '

可以看出，英语中的主语必须位于句首，而意大利语的主语可以留在原位。除了存现句的主语之外，wh 疑问词移位也表现出跨语言的差异，英语中的 wh 疑问词必须移位至句子的左缘位置，而日语中的 wh 疑问词可以留在原位（Richards，2016：1），如（2）所示：

(2) a. What did John buy?　　　　（英语）

　　b. John wa　nani　o　kainasita ka?　　（日语）

　　John TOP what ACC　bought　Q

'What did John buy?'

从（1）和（2）可知，语言之间的差异体现在句法成分的显性移位上。相同类型的句法成分在不同的语言中体现出不同的移位特征。目前，以最简方案为代表的主流生成学派无法为这些现象提供令人满意的解释。当前的研究通常借助一些附加特征，比如强性特征（strong feature），边缘特征（edge feature）、EPP特征等，并通过这些人为的形式特征驱动句法成分的显性移位。在这种特设性特征的驱动下，（1）和（2）中的差异可以通过EPP特征和［wh］特征进行解释：英语中的功能性中心语T和C分别携带EPP特征和强性［wh］特征，可以驱动句法成分的显性移位，以核查其所携带的特征。而意大利语中的T和日语中的C不携带EPP特征或［wh］特征，因此句法成分不发生显性移位。

　　这种特征驱动的移位分析范式直到今天仍然在形式学界占据着主导地位。但是这种附加特征的理论本质是什么，其存在动机又是什么，为什么有的语言中存在附加特征，而有的语言中不存在附加特征？主流生成学派始终无法为这些问题提供令人满意的答案。此外，在主流生成学派的理论框架中，句法、语音和语义部门分立而治，呈现出显著的模块化特征。句法运算是极为纯粹的，狭式句法中不能包含任何语音和语义信息。在句法运算完成之后，运算系统才能将生成的句法实体移交至语音部门和语义部门进行语音解释和语义解释，这一过程是不可逆转的。这种理论模式一直得到了严格的贯彻，以至于句法中不存在语音和语义信息已经成为一条显而易见的理论原则。

　　句法纯粹自治的观点使得生成学派的理论解释力大打折扣，在很多情况下不得不依靠人为设定的形式特征驱动移位。针对这种情况，Norvin

Richards(2010)调整了研究视角,将语音信息纳入狭式句法的运算过程,并指出疑问词移位的深层次原因是韵律的驱动。通过这种方式,很多语言现象都可以在句法-音系接口的层面上获得解释。在此基础上,Norvin Richards 进一步考量了语音信息在句法运算中的作用,逐步构建出一种基于韵律-句法互动的接口理论:接触理论(Contiguity Theory)。

从本质上讲,接触理论仍然是最简方案框架下的形式语言学理论,是生成语法关于句法运算的前沿性理论。该理论的核心精神与运作方式集中体现在 Norvin Richards 于 2016 年 6 月出版的《接触理论》(*Contiguity Theory*)一书中。该书由美国麻省理工学院出版社出版,是语言探索系列专著中的第 73 部。在本书中,Norvin Richards 以韵律-句法互动的视角,为自然语言中的语法现象提供了新的诠释。

7.2 理论模型及基本假设

7.2.1 核心观点及运算模型

和主流观点不同,接触理论认为,语法的运算系统在进行句法运算的时候,同时构建语言的音系结构,而自然语言中形式各异的显性移位和音系结构的构建密切相关。因此,句法推导应当摈弃各种人为的形式特征(EPP 特征),移位现象也应当从更为深刻的层次中获得解释。语言之间的确存在参数差异,但这些差异不仅表现为表层显性的句法差异,同时根植于语言之间不同的韵律组配模式。显性句法移位的深层次动因正是源于韵律组配的参数设置。不同语言在存现句和特殊疑问句之间的差异可以通过动词的重音模式和词缀的贴附方式得到解释。在接触理论模型中,句法运算部门是恒定不变的，具有跨语言普遍性，而音系和形态则呈现出参数差异。语言之间的表层句法差异来源于句法运算和音系/形态参数设置之间的相互作用。

最简方案中的句法运算无视语言结构的语音特征，因此被称为"狭式句法"。接触理论重新审视了句法和音系之间的关系。和分布式形态学否认语法中存在形态模块的做法类似，接触理论认为语言的音系结构在狭式句法中构建（Richards，2016：2）。句法运算需要参照语音信息，语言结构在句法和音系的互动过程中逐步生成。

在最简方案的经典框架模型中，语法的运算系统呈现出"倒Y"模式。词库位于运算系统的初始位置，运算系统从词库中提取词汇项目，交由狭式句法进行推导运算，等推导运算生成句法实体之后，运算系统才能将其移交至语音部门和语义部门进行解释。在这种模型下，句法运算不具备"前瞻性"功能，句法不能提前涉及语音部门和语义部门中的信息，运算推导按照"一路向下"的方式逐步进行。而在接触理论中，由于句法运算要参照语音信息，狭式句法便具有提前从语音部门提取语音信息的能力。在运算系统参照语音信息进行句法运算的同时，语音部门中关于音系表征的粗略形式（rough draft）也在狭式句法中进行构建。这种音系表征的粗略形式有别于句法实体最终的语音表现形式，其功能在于驱动句法操作。

尽管 Richards（2010，2016）没有明确地将接触理论的运算模型勾勒出来，我们可以根据该理论的核心观点，描绘出接触理论的运算模型，如图7－1所示：

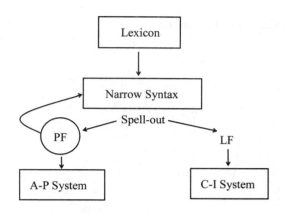

图 7 - 1 接触理论的运算模型

如图 7 - 1 所示，接触理论大致沿用了最简方案关于句法运算的理论模型，只是在音系部门与狭式句法的关系方面做出了修正。在这一模型中，运算系统将词汇项目从词库中取出，在狭式句法中进行句法推导。在句法推导的过程中，语音信息被狭式句法所参照（如图 7 - 1 中箭头所示），起到驱动句法操作的功能。经句法运算生成的结构经过拼出操作之后，被移交至语音部门和语义部门进行解释，并与发音－感知系统（A－P）和概念－意向系统（C－I）形成外部接口关系。

7.2.2 句法运算的基本特征

接触理论中的句法运算过程大致沿袭了最简方案中的做法（Chomsky，1993，1995，2000，2001a，2001b 等）。句法运算的基本方式仍然是合并和移位，探针和目标的一致操作仍然占据极其重要的理论地位。在句法表征方面，右向分叉的双分枝结构仍然是句法表征的主要手段。（3）中的句子的句法表征如图 7 - 2 所示：

（3）I wonder what she painted.

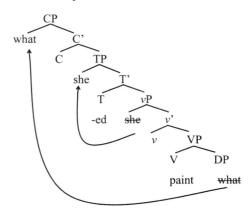

图 7 - 2　　"I wonder what she painted."句法结构示意图

在图 7 - 2 中，句法结构通过二元合并的方式循序性地、自下而上地生成。两个句法实体经合并生成一个较大的句法实体，并受到新生成的句法实体的直接支配。比如在图 7 - 2 中，V 和 DP 合并生成 VP，VP 直接支配 V 和 DP。移位仍然是句法推导中的关键操作之一。句中的主语"she"从轻动词 vP 的标识语位置提升移位至 [Spec，TP] 位置，而 wh 疑问词从动词的宾语位置提升移位至 [Spec，CP] 位置。T 所支配的"- ed"与动词的结合方式呈现参数差异：在英语等语言中，T 采用降落的方式与动词结合，而在法语等语言中，动词采用提升的方式与 T 结合。需要指出的是，在接触理论的框架中，句法表征不如制图理论及纳米句法复杂精密，图 7 - 2 中的结构表征足以解释句法与韵律之间的互动关系。

一致关系仍然是接触理论中的重要构件。在最简方案中，一致关系是驱动移位的重要手段。在图 7 - 2 中，疑问性的 C 携带疑问特征 [wh]，与 wh 疑问词构成一致关系。T 则携带 [φ] 特征，与主语"she"构成一致关系。一致关系会导致句法实体的形态变化，比如 T 所携带的 [φ] 特征使主语"she"表现为第三人称单数。C 和 T 所携带的 [wh] 特征和 [φ]

特征是不可解释的，这些不可解释特征必须被一致操作消除才能进行语义解释。和最简方案的理念一样，携带不可解释特征的功能性中心语 C 和 T 被称为探针，与其构成一致关系的低位成分被称为目标，二者之间的关系为探针 - 目标一致关系。

一致关系是造成句法实体移位的重要原因，但在不同语言之间仍然存在参数差异。在英语中，C 和疑问词之间的一致关系可以驱动移位，而在日语中，二者之间的一致关系并不能驱动移位。正如 7.2.1 节所指出的，最简方案通过特设的形式特征来解释这种跨语言差异性。比如，英语中的 TP 必须带有标识语是为了满足"扩展投射原则"（Extended Projection Principle）的需要，即 EPP 特征（Chomsky，1981）。接触理论旨在消除人为特征，为移位的内在动因提供解释。

在语序的线性表达方面，接触理论对 Kayne（1994）的"线性对应定理"（Linear Correspondence Axiom，LCA）进行了一定的改进。LCA 以非对称性成分统制（asymmetrically c - command）关系来确定句法实体的线性语序。Richards（2016：23）提出了"解除"这一操作：

（4）解除

　　给定两个姊妹节点 X 和 Y，解除 X 和 Y 之间的语序关系。

"解除"操作的提出以 Kayne（1994）、Fox and Pesetsky（2004）、Richards（2010）等的研究为基础。在这些研究中，句法实体之间的语序关系在整个句法推导过程中均得到了明示。在接触理论中，当中心语与其补语合并的时候，"解除"操作即刻进行。中心语在结构上非对称性成分统制其补语，但二者之间的语序关系被解除[①]。后续操作可以重新确定中心语的语序，比如如果中心语需要标识语成分，那么标识语位于中心语之前，

---

① 关于"解除"操作的实施动因、产生条件和理论后果，可以参考 Richards 在《接触理论》第五章中的相关论述。

如图 7 – 3 所示：

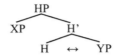

图 7 – 3　"解除"操作示意图

图 7 – 3 中的双向箭头表示中心语 H 与其补语 YP 的语序得到了解除，尽管在语序上 H 居后与 XP，H 与 YP 之间的语序关系仍然处于两可之间。

在推导的阶段性方面，接触理论沿袭了最简方案中的语段推导模式，强调句法推导的阶段性与循序性。总之，接触理论认为句法运算参照语音信息，句法推导在句法 – 韵律互动的模式下动态进行。

7.2.3　音系运作的基本假设

接触理论的音系运作体现在句法结构和音系结构的映射机制和词汇层面的重音描写上。在句法 – 音系映射方面，接触理论吸收了"匹配理论"（Match Theory）中的映射原则（Selkirk，2009，2011；Elfner，2012；Clemens，2014；Bennett，Elfner and McCloskey，2016），这些原则可以简要表示如（5）：

（5）　a.　每一个句法中心语映射为一个韵律词（prosodic word，PrWd）ω；

　　　　b.　每一个最大投射 XP 映射为一个韵律短语（phonological phrase）Φ；

　　　　c.　每一个小句映射为一个语调短语（intonational phrase）ι。

由于接触理论假设语言的音系结构在狭式句法中生成，Richards 认为语言的音系结构和句法结构之间具有较高的相似性，其将（6）中日语的句法结构和音系结构描绘如图 7 – 4 所示（Richards，2016：79 – 81）：

（6）Naoya ga   nanika   o   nomiya de nonda.

Naoya NOM something ACC   bar   at drank

'Naoya drank something at the bar.'

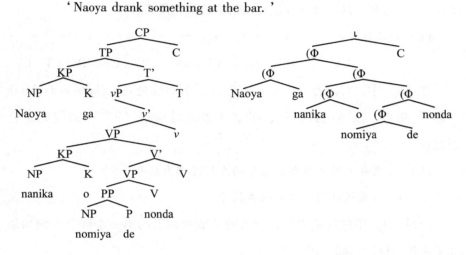

图7－4 句法结构（左）和音系结构（右）映射示意图

在这种句法结构与音系结构的映射条件下，接触理论为句法运作的深层次动因提供了解释。在词汇重音的描写方面，Richards 主要参照了 Idsardi（1992）和 Halle and Idsardi（1995）的重音描写方式。这种重音描写方式在词汇内部划分不同的韵律音步（metrical foot），并将接受较强重音的音步分析为核心音步。这种分析方法可以重复进行，每进行一次音步组配将生成新的音步层级，并生成新的核心音步。将音节分为核心音步的过程用半括号"（"或"）"表示。不同语言在半括号的定位及方向方面存在参数差异。Halle and Idsardi（1995）通过这种方法对德拉威语族（Dravidian）中的科亚语（Koya）进行了重音描写，该语言中的重音规律如（7）所示（Tyler, 1969）：

（7）重音位于闭音节和长音节上，主重音在第一个音节上。

Richards 以一个假想的科亚语单词为例，详细说明了 Halle and Idsardi

（1995）的重音描写过程。假设某一科亚语单词拥有（8）中的音节结构，每个元音都是潜在的重音携带者（在上方标记"＊"符号），每个音节之间用"．"分开，从层级 0 开始对该词汇的重音模式进行计算：

（8）层级 0　　＊　　＊　　＊　　＊　　　＊　　＊　　＊　　　＊　　＊　　＊　　＊

　　　　　　　　CV．CV．CV．<u>CVC</u>．CV．CV．<u>CVV</u>．CV．CV．CV．CV．

在（8）中，对闭音节和长音节进行了下画线处理。Halle and Idsardi（1995）指出，该单词最低层次的音步模式可通过（9）中的规则进行组配：

（9）a. 在每个闭音节和长音节的左侧标记左括号。

　　　b. 在层级 0 的左侧标记左括号。

运用（9）中的规则之后，较重的音节和词汇的第一个音节左侧均添加了左括号标记，如（10）所示：

（10）层级 0　　（＊　＊　＊　（＊　＊　＊　（＊　＊　＊　＊

　　　　　　　　CV．CV．CV．<u>CVC</u>．CV．CV．<u>CVV</u>．CV．CV．CV．CV．

此时，该单词被分为三个音步，前两个音步包含三个音节，第三个音步包含五个音节。该单词的重音模式可以在（10）的基础上推导出来，请看规则（11）：

（11）将层级 0 中每个音步的最左侧成分投射至层级 1。

运用规则（11）之后得到（12）：

（12）层级 1　　＊　　　　　　　　＊　　　　　　　　　＊

　　　　层级 0　　（＊　＊　＊　（＊　＊　＊　（＊　＊　＊　＊

　　　　　　　　CV．CV．CV．<u>CVC</u>．CV．CV．<u>CVV</u>．CV．CV．CV．CV．

层级 1 中带"＊"号的音节是携带重音的音节。如果要区分主重音和次重音，可以将层级 1 再次进行投射，并实施（13）中的规则：

（13）a. 在层级 1 的左侧标记左括号。

b. 将层级 1 中所包含音步的最左侧元素投射至层级 2。

使用规则（13），将得到（14）：

（14）层级 2　　＊

　　　层级 1　　（＊　　　　　　　＊　　　　　　　＊

　　　层级 0　　（＊　＊　＊　（＊　＊　＊　（＊　＊　＊　＊　＊

　　　　　　　　CV．CV．CV．<u>CVC</u>．CV．CV．<u>CVV</u>．CV．CV．CV．CV.

（14）对科亚语中的重音模式提供了清晰的描写：主重音在第一个音节上，次重音在其他重音节上。这种重音的分析模式在研究韵律－句法互动方面意义重大。

7.3　接触理论的具体应用

7.3.1　词缀附着与 EPP 特征

在最简方案中，EPP 特征是一个重要的形式特征，在驱动移位方面起着重要的作用。EPP 特征来自"扩展投射原则"，该原则规定句子必须有主语（Chomsky，1981）。（15）中句子中虚主语的存在正是为了满足扩展投射原则：

（15）a. There is a hole in the ship's hull.

　　　b. It is obvious that that ship is sinking.

（15）中的虚主语"there"和"it"并无实际意义，其存在的目的在于使句子拥有主语，从而满足 EPP 的要求。但 EPP 特征在不同语言中体现出参数差异，有的语言受到 EPP 的限制，而有的语言不受 EPP 的限制（Richards，2016：11）：

（16）　a. There arrived a man.　　　　　　（英语）

　　　　b. Il est arrivé un homme.　　　　　（法语）

　　　　c. É arrivato un uomo.　　　　　　（意大利语）

　　　　d. Apareció un hombre.　　　　　　（西班牙语）

　　　　e. Va venir un home.　　　　　　（加泰罗尼亚语）

可以看出，英语和法语受到 EPP 的限制，而意大利语、西班牙语和加泰罗尼亚语（Catalan）不受 EPP 的限制。对此，有的学者认为 EPP 呈现出参数化的差异，有的学者则认为意大利语、西班牙语和加泰罗尼亚语中包含语音形式为空的虚主语（Rizzi，1982）。还有的学者认为在某些语言中，EPP 可以被句子中的动词所满足（Alexiadou and Anagnostopoulou，1998）。但正如我们多次指出的，EPP 特征是人为特设的形式特征，本身不具备理论地位。Richards 消除了 EPP 特征，并将（16）中的区别归结为动词的重音配置和屈折词缀的贴附方式。这样，句法运算将受到语音信息的影响，从而造成语言结构的表层差异。

通过对加泰罗尼亚语（Oltra - Massuet，1999，2000）、意大利语（Guerzoni，2000）和西班牙语（Oltra - Massuet and Arregi，2005）的词汇重音进行研究，学者们发现，在这些语言中，词汇重音落在时态词缀之前的元音上，比如（17）中西班牙语的例子（Richards，2016：12）：

（17）　a.　cantá – ba　　　　– is

　　　　　sing IMP. IND 2PL

　　　　　'you（pl.）sang（imperfect indicative）'

　　　　b. cantá – ra　　　　– is

　　　　　sing IMP. SUBJ 2PL

　　　　　'you（pl.）sang（imperfect subjunctive）'

　　　　c. cantá – steis

sing PERF. 2PL

'you（pl.）have sung'

d. cantá – is

sing PRES. 2PL

'you（pl.）sing'

e. cantá – ré　　– Ø　　– is

sing FUT PRES 2PL

'you（pl.）will sing'

在例（17）中，时态词缀（用粗体表示）之前的元音带有重音符号，承载词汇重音。在 Idsardi（1992）的重音描述方案中，西班牙语的词汇重音模式如（18）所示：

（18）*层级 2*　　　*　　　　　　　　　　　　　*

　　　层级 1　　*　）　　　　　　　　　　　*　）

　　　层级 0 *　*　）　*　　　*　　　*　*　*　）　*　*

　　　　　　　can ta　ba　　　is　　　can ta　ri　a　　is

　　　　sing　– TENSE – AGR　　sing　– FUT – TENSE – AGR

可以看出，西班牙语中时态后缀的前面有一个韵律界限（metrical boundary），用右括号表示。接触理论假设，当西班牙语中的 T 参与合并操作时，一个韵律界限将出现在其左边，当一个单词完全生成之后（不再添加任何词缀），这个单词的末尾再次出现一个韵律界限。而在英语中，当动词与 T 合并时，动词已经完全生成。也就是说，接触理论通过韵律界限和重音将英语和西班牙语进行了区分：在英语和法语中，重音仅指派给屈折变化完全的动词，T 之前不存在韵律界限；而在西班牙语、意大利语和加泰罗尼亚语中，重音的指派对象是动词除去屈折变化的词干部分，T 之前存在一个韵律界限。Richards（2016：27）提出了"词缀支持"（Affix

Support）假设，并通过这一假设为 EPP 的参数差异提供了深层次的解释。

（19）　词缀支持

如果某一词缀为中心语成分，在其贴附的方向中必须存在一个韵律界限。

换句话说，在西班牙语等语言中，韵律界限出现在 T 之前。而在英语等语言中，韵律界限仅存在于屈折变化完整的词汇中，比如标识语。Richards（2016：15）将西班牙语和英语之间的句法 – 韵律差异进行了清晰的表征，如图 7 – 5 所示：

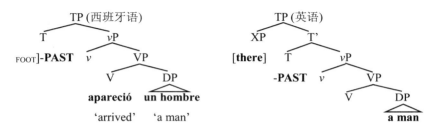

图7 – 5　西班牙语和英语的句法 – 韵律差异示意图

由于西班牙语等语言的 T 之前存在一个韵律界限，因此"词缀支持"得到了满足，不需要 TP 的标识语位置出现主语。而英语等语言的动词只有在完全屈折变化之后才形成韵律界限，T 无法满足"词缀支持"，只能在 TP 的标识语位置出现主语（完整独立的词汇自带韵律界限），从而满足"词缀支持"的要求。因此，接触理论通过韵律与句法互动的方式，消除了人为的 EPP 特征，为语言之间的参数差异提供了更深层次的解释。

7.3.2　特殊疑问句的接口诠释

句法 – 韵律互动的方式同样能够为特殊疑问句提供全新的理论解释。英语的特殊疑问词要提升至句首，而日语的特殊疑问词可以留在原位。

Richards（2001）认为疑问词和与其具有一致关系的 C 之间具有韵律关联，疑问词移位则是建立这种关联的主要手段。在接触理论中，Richards 进一步深化了这种观点，并通过一系列韵律操作对疑问词在不同语言中的表现提供了解释。

以日语为例，日语是一种中心语居后型语言，并且该语言中的韵律特征出现在最大投射左侧。如果最大投射的某一侧呈现韵律效应，那么这一侧在韵律上是活跃的（prosodically active）。Richards（2016：84）提出了一条接触原则，指明了自然语言中 wh 疑问词和中心语 C 之间的韵律关联，相关定义如下：

（20）给定一个 wh 疑问词 α 和与其保持一致关系的 C，α 和 C 必须被同一个韵律短语 Φ 所支配，并且在该韵律短语中，α 表现为接触凸显（contiguity－prominence）。

（21）接触凸显

α 与韵律短语 Φ 中韵律活跃的一侧临近，那么 α 在 Φ 中接触凸显。

我们以（22）为例进行说明：

（22）Naoya ga   nani o   nomiya de nonda no?

Naoya NOM what ACC   bar   at drank Q

'What did Naoya drink at the bar?'

由于日语的韵律现象出现在最大投射的左侧（Richards，2016：77），我们可以用左括号进行标识。在与 C 合并之前，（22）的韵律结构（TP）如图 7－6 所示：

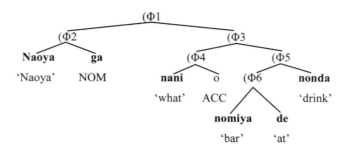

图 7 – 6　（22）的韵律结构（TP）示意图

为了方便讨论，对图 7 – 6 中的每个韵律短语进行了标序。当 C 与 T 合并并与 wh 疑问词构成一致关系时，运算系统将实施一种名为"组配"（grouping）的操作，具体操作方式如（23）所示：

（23）组配

　　　给定一个 wh 疑问词 α 和 C，二者之间为探针 – 目标关系，创造一个韵律短语 Φ，使 Φ 支配 α 和 C。

对图 7 – 6 进行组配操作得到图 7 – 7 中的韵律结构：

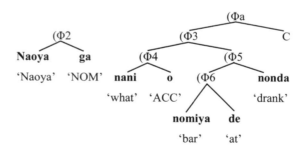

图 7 – 7　"组配"操作示意图

从图 7 – 7 可以看出，支配 wh 疑问词"nani"的最大韵律短语为 Φ3，组配操作构建了一个新的韵律短语 Φa，使得 Φa 在结构上同时支配 Φ3 和 C。由于 Φa 同时包含 wh 疑问词和与其形成一致关系的 C，接触原则得到了满足。由于 CP 结构已经形成，CP 节点按照匹配原则的映射要求，形成完整的韵律结构（Bennett，Elfner and McCloskey，2016），如图 7 - 8 所示：

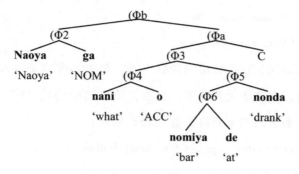

图7 - 8　（22）的完整音系结构示意图

　　在图 7 - 8 中，运算系统构建了一个新的韵律短语 Φb，将整个结构联系了起来。由于 C 和 wh 疑问词处于同一个韵律短语 Φa 之下，并且 wh 疑问词"nani"与 Φa 韵律活跃的一侧临近（左侧），该疑问词在韵律短语 Φa 中表现为韵律凸显，符合接触原则的韵律要求，从而为日语 wh 疑问词滞留原位提供了解释。

7.3.3　探针 - 目标的接口诠释

　　在为特殊疑问句提供解释之后，Richards 将接触理论应用于所有的探针 - 目标一致关系的解释中，提出了"探针 - 目标接触"（probe - goal contiguity）原则（Richards，2016：117）：

　　（24）给定探针 α 和目标 β，α 和 β 必须被同一个韵律短语所支配，并且在该韵律短语中，β 韵律凸显。

　　以英语和法语为例，二者均为中心语居前型语言，但二者在句法表现方面存在一些差异，比如英语不允许非反问句中的 wh 疑问词滞留原位，而法语允许，如（25）所示：

（25） a. Who did you see?

　　　b. Tu　as　vu　qui?

　　　　you have seen who

　　　　'Who have you seen?'

此外，在动词和直接宾语的选择方面，英语不允许动词及其直接宾语之间介入成分，而法语无此要求，而在主语和谓语动词之间，英语允许出现其他成分，而法语则不允许，如（26）所示：

（26） a. John（often）speaks（* often）Italian.

　　　b. Jean（* souvent）parle（souvent）l'italien.

例（25）和例（26）涉及三种探针 - 目标一致关系：C 和 wh 疑问词、T 和主语、v 和宾语。英语和法语在探针 - 目标方面的差异可以在接触理论的框架下得到解释。在韵律方面，法语表现为右侧韵律活跃（Selkirk，1986），而英语表现为左侧韵律活跃（Richards，2016）。二者之间的差异如图 7 - 9 所示：

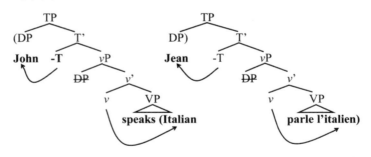

图 7 - 9　英语（左）和法语（右）在句法 - 韵律方面的差异

如图 7 - 9 所示，韵律的活跃情况用左括号或右括号表示，前者表示左侧韵律活跃，后者表示右侧韵律活跃。在 C 和 wh 疑问词的关系上，如果二者之间被韵律界限所隔开，wh 疑问词要和 C 接触，二者之间不能有任何成分介入。比如在巴斯克语（Basque）中，C 通过"接触嫁接"（contiguity adjunction）的方式使 C 与 wh 短语接触，巴斯克语的例子如（27）所示：

（27） nino sad Cavida?

Nino where　3. go

'Where did Nino go?'

例（27）中巴斯克语的句法结构及韵律结构如图 7－10 所示：

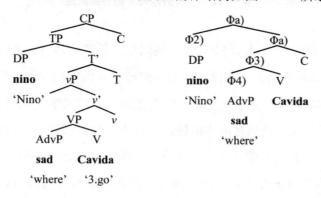

图 7－10　例（27）中巴斯克语的句法结构（左）及韵律结构（右）示意图

巴斯克语是中心语居后型语言，而且其在韵律方面表现为右侧韵律凸显，在图中用右括号进行标记。可以看出，wh 疑问词"sad"和 C 同时位于韵律短语 Φa）之内，但由于动词"Cavida"的阻隔，wh 疑问词无法与韵律短语 Φa 的右侧接触，因此无法满足接触凸显的要求。这一问题可以通过"接触嫁接"操作得到解决：

（28）接触嫁接

给定两个相邻的韵律节点，使其中的一个韵律节点支配另一个韵律节点。

将"接触嫁接"应用于图 7－10 中的韵律结构，使得 wh 疑问词与 C 处于同一个韵律短语的支配下，如图 7－11 所示：

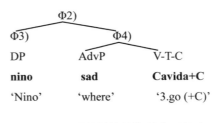

图 7 – 11   "接触嫁接"的音系效应

在图 7 – 11 中，wh 疑问词和 C 共同位于韵律短语 Φ4 之内，由于 Φ4 由 wh 疑问词所投射，其韵律活跃的一侧被该疑问词所接触。因此，wh 疑问词在韵律短语 Φ4 中接触凸显。巴斯克语中的相关事实说明，探针和目标之间需要尽可能地满足韵律接触这一原则。如果探针和目标之间存在韵律界限，二者之间不能存在任何成分。在图 7 – 9 所示的探针与目标的关系中，英语的 T 与主语之间无韵律界限，因此主语和 T 之间可以出现副词。而法语的 T 和主语之间存在韵律界限，二者应满足韵律接触这一原则，即主语和 T 之间不能出现任何成分。在动词及其宾语的关系上，英语动词与其宾语之间存在韵律界限，因此应当满足韵律接触的要求，二者之间不能存在任何成分，而法语动词与其宾语中间不存在韵律界限，因此副词可以出现在二者之间。

7.4   《接触理论》（2016）内容介绍及理论简评

7.4.1   主要内容

《接触理论》一书共包含八章内容。

第一章为引言，主要引入接触理论的思想精髓，指出语音信息在句法运算中的理论地位，勾勒出句法 – 韵律互动的运算方式。

第二章"词缀支持和 EPP 特征"旨在通过词内重音和韵律界限等语音信息为 EPP 的参数差异提供解释。本章以句法 – 韵律互动的方式消除了 EPP 这一人为特设的形式特征，为 EPP 现象提供了更为深刻的理论解释。

第三章"匹配理论和接触原则"在匹配理论的关照下探索了自然语言中 wh 疑问词的韵律要求，指出 wh 疑问词需要满足"接触原则"这一韵律条件，并探讨了接触凸显、韵律活跃、韵律嫁接、韵律组配等韵律概念及操作。

第四章"探针 – 目标接触"将 wh 疑问词和 C 的韵律关联推广至所有的探针 – 目标关系中，指出所有类型的探针 – 目标关系都需要满足"探针 – 目标接触"这一条件，即探针和目标必须受到同一个韵律短语支配，并且在韵律短语中，目标接触凸显。

第五章"选择接触"将探针 – 目标接触进一步延伸至所有选择关系的研究中，提出"广义接触"（generalized contiguity），即如果 α 和 β 之间存在一致关系或选择关系，二者必须被一个韵律节点所支配，并且在这一韵律短语中，β 接触凸显。

第六章"中心语移位"通过接触原则和词缀支持为英语、丹麦语、法语、冰岛语、西班牙语、意大利语、爱尔兰语等语言中形式各异的中心语移位现象提供接口解释，并指出中心语移位和短语移位一样，受到相同韵律条件的驱动和制约。

第七章"更多形式的中心语移位：V2，*v*P 和不定式短语"以韵律 – 句法互动的方式探索了英语特殊疑问句和动词位 2 小句中的中心语移位（至 C）、动词短距离移位（至 *v*）和不定式小句中的移位现象。

第八章为结论，对本书的研究对象和核心操作进行了简要的回顾。

7.4.2　简要评价

接触理论将重音、韵律界限、韵律活跃等语音信息纳入狭式句法运算，注重句法－韵律互动在语言结构生成过程中的作用，凸显语音信息在句法运算中的理论地位，体现出鲜明的接口特征。因此，接触理论在理论构建和研究方法方面均背离了传统（孙文统，2021a），其核心观点为：自然语言的音系结构在狭式句法中构建，句法运算需要参照语音信息，语言结构的表层移位与句法实体的音系特征密切相关。因此，自然语言中的显性参数差异可以归结为韵律结构在不同语言中的组配方式。

接触理论对句法和音系之间的关系进行了进一步的解析，彻底取消了人为特设的 EPP 特征，为自然语言中纷繁多样的移位现象提供了更为深刻的接口解释，进一步减轻了狭式句法的运算负荷，体现出模型构建的优化性与最简性特征。

接触理论强调韵律在句法推导中的理论作用，对汉语语法研究带来了深刻的理论启示。由于缺乏形态变化，汉语中的很多语言现象无法在形式句法的理论框架内得到解释。汉语中存在很多结构合乎语法但表达拗口的语言结构，很难通过单纯的句法理论得到解释，这对主流形式句法学理论造成了极大的挑战。比如汉语中［1＋1］型动宾搭配如"种花""扫地""读书"等显得文从字顺，而"种植花""打扫地""阅读书"等［2＋1型］型动宾搭配则显得十分拗口。同样，在动补结构带宾语的表达中，单音节补语令表达紧凑凝练、合乎语法，而双音节补语则使表达尾大不掉、烦冗拖沓。

将重音、音节、节奏等韵律信息纳入汉语语法理论研究，能够进一步完善汉语语法理论体系，为汉语语法研究提供了新的研究视角。近年来兴起的韵律句法研究是以韵律－句法互动的视角研究汉语的最新尝试。尽管接触理论尚处于发轫之始，其独特的研究视角和运算机制为形式句法学研究注入了新鲜的活力，将形式句法学研究带向更为纵深的研究领域。

7.5　本章小结

本章对接触理论的核心精神和基本操作进行了介绍。7.1 节指出了最简方案在解释移位现象中的不足之处，揭示了接触理论所倡导的句法 - 韵律互动的研究视角。7.2 节阐明了接触理论的核心观点及理论模型，并对接触理论关于句法和韵律运作的基本假设进行了说明。7.3 节在接触理论的框架下消除了 EPP 特征，揭示了特殊疑问句的韵律要求，并对广义的探针 - 目标关系进行了接口诠释。7.4 节对《接触理论》一书的主要内容进行了介绍，并对接触理论进行了简要的介绍与评价。

第八章

外化理论：句法－音系接口的最新探索

8.1 理论背景

句法－音系之间的关联方式以及音系运作的理论本质的研究伴随着生成语法的整个发展历程。自生成语法诞生之始，学界对于句法－音系接口的研究便从未停止。句法结构和音系结构之间的错配（mismatch）现象是最受学界关注的话题，比如（Chomsky and Halle，1968：372）：

（1）a. This is ［the cat that caught ［the rat that stole ［the cheese］］］

　　　　句法结构

　　b.（this is the cat）（that caught the rat）（that stole the cheese）

　　　　音系结构

可以看出，自然语言的句法结构和音系结构之间存在明显的错配现象，而且，句法结构是层级性的，而音系结构是平整的。此外，韵律范畴和句法范畴之间存在什么样的映射机制，需要几种韵律单位，韵律结构是否与句法结构平行存在，韵律是否能够对句法产生影响，能够产生什么样的影响，这些都是悬而未决的问题。

在生成语法理论的发展历程中，句法理论的每一次变革都对句法－音系接口研究造成极大的影响。在生成语法诞生初期（20 世纪 60 至 70 年代），句法操作尚未完全摆脱结构主义的影响，句法－音系之间的错配通过重新调整原则（readjustment rule）进行标识（Chomsky and Halle，1968：372），层级性的句法结构变为平整的线性结构。早期生成语法中的循序式操作促发了重音指派理论的形成（Bresnan，1971）。诞生于 20 世纪 80 年代的 X'理论导致了两个极具代表性的句法－音系接口理论的形成：关系理论（Relation－based Theory）和边缘理论（End－based Theory），前者根据句法关系定义韵律单位，后者由句法单位的边缘特征定义韵律单位（Nespor and Vogel，1986；Selkirk，1986）。最简方案中"语段"的循序式拼出操作再次促使人们采用循序的手段考察句法－音系接口的理论本质。同时，音系领域内的理论发展也对句法－音系接口研究产生了影响，优选论（Optimality Theory）注重结构表征，否认规则使用的循序性与推导性，而匹配理论并不依赖句法推导的运算过程，韵律范畴直接根据句法结构所定义。

在最简方案所秉持的语段推导模型中，运算系统基于语段循序式地拼出句法实体，并将其移交至音系部门进行语音解释。但这种多重拼出的方式并不能为自然语言中的韵律组配提供完全正确的理论解释。比如根据 Dobashi（2019）的研究，SVO 型语言的基本韵律组配模式如（2）所示①：

---

① 1. 分枝情况（branchingness）和韵律重量（prosodic weight）会导致韵律组配变体的产生，即：

1) $(S)_\varphi$ $(V)_\varphi$ $(O)_\varphi$

a. $(S)_\varphi$ $(V)_\varphi$ $(O)_\varphi$

b. $(S)_\varphi$ $(V\ O)_\varphi$ 宾语不分枝（仅包含一个单词）

2) $(S)_\varphi$ $(V\ O)_\varphi$

a. $(S)_\varphi$ $(V\ O)_\varphi$

b. $(S\ V\ O)_\varphi$ 主语不分枝（仅包含一个单词）

在本书中，我们只讨论基本韵律组配模式，暂不考虑韵律组配的变体形式。

（2） a.　（S）$_\varphi$（V）$_\varphi$（O）$_\varphi$

　　　b.　（S）$_\varphi$（V　O）$_\varphi$

一般情况下，SVO 型语言有两种韵律组配方式：一种是主语、动词和宾语各为一个韵律短语，一种是主语为一个韵律短语，动词和宾语构成一个韵律短语。但基于语段的多重拼出会将（3）中的结构拼出为（4）中的韵律形式：

（3）$\left[{}_{CP}C \left[{}_{TP} \text{Subj T} \left[{}_{v*P} t_{subj} \text{V}-v* \left[{}_{VP} t_V \text{Obj}\right]\right]\right]\right]$

（4）（Subj T V）$_\varphi$（Obj）$_\varphi$

在（3）中，CP 和 $v*$P 为强性语段，主语从 $v*$P 的标识语位置提升移位至 TP 的标识语位置，动词 V 提升移位至轻动词 $v*$ 位置，原位置上留下语迹。根据语段不可渗透条件，当 $v*$P 语段形成时，$v*$ 的补语部分被拼出，生成（Obj）$_\varphi$，并将其移交至语音部门。当 CP 语段形成时，C 的补语部分被拼出，生成（Subj T V）$_\varphi$，由于（Obj）$_\varphi$ 已经被移交，运算系统将（Subj T V）$_\varphi$ 移交至语音部门。因此，基于语段的多重拼出操作得出的韵律组配模式如（4）所示，这与事实相违背。

此外，句法结构和韵律单位之间的映射是定义的，带有较强的特设性，影响理论的解释力。为了进一步探索句法－音系接口的理论本质，消除句法－音系映射中的人为因素，优化语法模型，提升运算效率，日本新潟大学语言学教授 Yoshihito Dobashi 于 2019 年 9 月出版了《外化：句法实体的音系解释》（*Externalization*：*Phonological Interpretation of Syntactic Objects*）一书。该书由劳特利奇（Routledge）出版社出版，属于劳特利奇语言研究系列专著之一。在该书中，Yoshihito Dobashi 采用严格的内在性语言视角，重新构建了自然语言的运算系统，将外化过程视为句法－音系映射的唯一机制，并对自然语言中韵律范畴的层级性组织以及相关句法－音系现象提供了全新的理论解释。作为句法－音系接口研究领域的最新探索，外化理论深化了人们对于自然语言本质的理解，拓宽了句法－音系接口研究的理论视野，有力地推动了形式语言学研究的蓬勃发展。

8.2 理论模型及基本假设

8.2.1 核心观点及理论模型

外化理论对最简方案的理论模型进行了较大的调整，将音系部门在运算系统中的位置进行了重新定位，并将音系运算的理论地位进行了定性。在最简方案的理论框架下，基于语段的多重拼出操作是句法运算一贯秉持的理论原则。但最简方案的运算模型仍然存在一些问题，如（5）所示：

（5）Can eagles that fly swim?

在（5）中，动词"can"在语义上与"swim"相关，但在线性语序上却与动词"fly"较近。因此，Chomsky（2016：10）指出，语义解释和句法规则完全基于结构，语序则外在于（external）语言本身。Chomsky（2016：13）将语言的本质特征总结为：语言产生无限数量的层级性结构表达，这些结构被映射至概念－意向接口，得到思维语言（language of thought，LOT）。也就是说，音系过程与思维语言的产生无关。这样一来，自然语言的语法构造应当如图8－1所示：

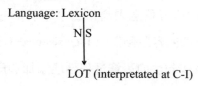

图8－1 自然语言语法构造的'I'模式

如图 8-1 所示，自然语言在的语法构造呈现出"I"模式。Chomsky (2017) 进一步指出，音系接口和语义接口之间存在着明显的不对称现象，层级性结构被运算系统中的生成程序映射至概念-意向接口，外化过程作为辅助性操作 (ancillary operation)，将层级性结构映射至感觉运动接口，即：

(6) 语言仅在概念-意向接口获得解释，外化过程是一种次生 (secondary) 现象。

(Chomsky, 2014: 7)

这样一来，音系部门就不再是内在性语言的组成部分，运算生成的也不再是语音-语义对 < PHON, SEM >，而是仅包含 SEM 的单元素集合 < SEM >。在拼出操作方面，基于语段的多重拼出在句法和语义方面也存在一些问题。比如在 (7) 中，α 和 β 为语段，t_α 是语段 α 的语迹：

(7) [$_\alpha$ The verdict [$_\beta$ that Tom Jones is guilty]] seems to have reach t_α by the jury.

在上例中，β 并没有在 t_α 位置获得语音形式，而在全句的主语位置获得了语音形式。但作为语段的 β 应该在 t_α 位置得到了拼出，从而获得语音形式。此外，Boeckx (2003, 2007: 418) 指出，语义部门应当参照完整的句子结构来对约束现象进行解释，阶段式的拼出操作显然无法满足这一要求。而语音部门对于调型等韵律信息的解释同样需要参照完整的结构信息。因此，Chomsky (2017)、Boeckx (2003, 2007) 等学者试图将拼出操作从运算系统中剔除。Beockx (2007) 指出，拼出操作的初始功能在于将推导生成的句法实体的语音信息剥离出去 (strip away)。这种剥离操作违背了狭式句法运算的"包容原则"(Inclusiveness Condition) (Chomsky, 1995)，该原则规定狭式句法的运算过程不能添加和删除任何特征。因此，Boeckx (2007: 419) 建议删除拼出操作，接口层次可以侵入 (invade) 狭式句法，从而获得所需信息。

Dobashi（2019）将前人的研究进行了整合，采用了语法模型的"I"模式，取消了拼出操作在运算系统中的理论地位，将音系操作视为外在于内在性语言的解释程序（interpretive procedure），整个理论模型如图 8 - 2 所示（Dobashi，2019：102）：

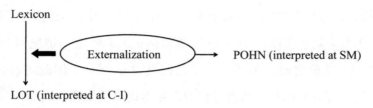

Lexicon

Externalization → POHN (interpreted at SM)

LOT (interpreted at C-I)

图 8 - 2 外化理论的运算模型

从图 8 - 2 可以看出，音系运作（即外化过程）是辅助性的运算操作，其功能在于将层级性的结构表达映射至感觉运动接口位置，赋予其线性化外形，并对其进行音系解释。作为一种解释程序，外化运算要参照句法运算过程，外化解释过程要与语段推导平行进行，分阶段、循序式地将层级性的句法结构外化为线性化的语序表征。此外，由于取消了介于语音部门和语义部门之间的拼出操作，使得音系运作可以直接涉及 LOT，从而增强了语音、句法和语义部门之间的关联。

8.2.2 加标算法与音系互动

加标算法（Labeling Algorithm）（Chomsky，2013，2015）是外化运作过程中极为重要的理论构件。Chomsky（2013：43）提出了一种基于语段的加标算法，使句法实体 SO 能够在接口位置获得解释，其具体内容如下：

（8）a. H 为句法实体 {H, XP} 加标；

　　b. 在下面的结构中，K 是 YP 的标记：

　　　　(i) <u>XP</u>… {_K<u>XP</u>, YP}

  c. 在下面的结构中，XP 和 YP 之间所共享的最为凸显的特征为 K

加标：

  （ii）$\{_K XP, YP\}$

  H 为词汇项目，XP 和 YP 为短语结构。在（8）a 中，H 与 XP 进行了合并操作，H 为整个句法实体提供标记。在（8）b 中，XP 进行了移位操作，YP 为整个句法实体"XP – YP"提供标记。（8）c 的情况如 DP 主语和限定性 TP 投射之间的关系，二者之间共享 φ 特征，因此可被标记为 $<\varphi, \varphi>$。需要说明的是，当进行初始合并生成句法实体 $\{H, H\}$ 时，该句法实体通常由功能语类和实体语类组成，其一般形式为 $\{f, R\}$。比如轻动词 v 与实义动词"play"合并，得到 $\{v, play\}$，轻名词 n 与名词"play"，得到 $\{n, play\}$（Borer, 2005a, 2005b, 2013；Marantz, 1997）。

  Chomsky（2013, 2015）指出，在 $\{f, R\}$ 中，f 为加标成分，R 不具备加标能力。同样，功能性中心语 T 也不具备加标能力（Chomsky, 2015：9）。加标算法在为句法结构提供标记的同时，促使韵律短语的动态形成。也就是说，韵律短语并不是通过映射规则机械定义的，而是在音系运作与加标算法的互动过程中动态形成的。请看下例（Dobashi, 2019：105）：

  （9）The man can hit the thief.

    a. $\qquad\qquad\qquad\qquad\qquad\qquad \{n, R_{thief}\}$

$\qquad\qquad\qquad\qquad\qquad\qquad\qquad\qquad\qquad\qquad \to n$

    b. $\qquad\qquad\qquad\qquad\qquad\quad \{the, \{n, R_{thief}\}\}$

$\qquad\qquad\qquad\qquad\qquad\qquad\qquad\qquad\qquad \to the$

    c. $\qquad\qquad\qquad\quad \{_\alpha R_{hit}, \{the, \{n, R_{thief}\}\}\}$

$\qquad\qquad\qquad\qquad\qquad\qquad\qquad\qquad \to \alpha = ??$

    d. $\qquad\quad \{_\beta v *, \{_\alpha t_{Rhit}, \{the, \{n, R_{thief}\}\}\}\}$

$\qquad\qquad\qquad\qquad\qquad\qquad\qquad \to \alpha = <\varphi, \varphi>$

e. $\{_\beta R_{hit} - v *, \{_\alpha t_{Rhit}, \{the, \{n, R_{thief}\}\}\}\}$

$$\rightarrow \beta = R - V *$$

f. $\{_\gamma \{the, man\}, \{_\beta R_{hit} - v *, \{_\alpha t_{Rhit}, \{the, \{n, R_{thief}\}\}\}\}\}$

$$\rightarrow \gamma = ??$$

g. $\{_\delta T_{can}, \{_\gamma \{the, man\}, \{_\beta R_{hit} - v *, \{_\alpha t_{Rhit}, \{the, \{n, R_{thief}\}\}\}\}\}\}$

$$\rightarrow \delta = ??$$

h.

$\{_\varepsilon \{the\ man\}, \{_\delta T_{can}, \{_\gamma t_{the-man}, \{_\beta R_{hit} - v *, \{_\alpha t_{Rhit}, \{the, \{n, R_{thief}\}\}\}\}\}\}\}$

$$\rightarrow \gamma = R - V *$$

$$\delta = ??$$

i. $\{_\zeta C, \{_\varepsilon \{the\ man\}, \{_\delta T_{can}, \{_\gamma t_{the-man}, \{_\beta R_{hit} - v *,$

$\{_\alpha t_{Rhit}, \{the, \{n, R_{thief}\}\}\}\}\}\}\}\}$

$$\rightarrow \varepsilon = C$$

$$\delta = <\varphi, \varphi>$$

在（9）a 中，作为 R 的"thief"和轻名词合并，n 为其提供标记。
（9）b 中的"the"与 $\{n, R_{thief}\}$ 合并，并为其提供标记。在（9）c 中，
由于 R_{hit} 不能为整个结构提供标记，该结构暂时处于无标记状态。在（9）
d 中，轻动词与 α 合并，$v *$ 的 φ 特征被 R_{hit} 继承（Chomsky，2008），二者
共享 φ 特征，因此 α 被标记为 <φ, φ>。在（9）e 中，R_{hit} 经提升移位与
$v *$ 合并，生成复合结构（amalgam）"$R_{hit} - v *$"。根据 Chomsky（2015：
12），该复合结构具有标记功能。因此，β 被标记为"$R - V *$"。在（9）
f 中，外部论元"the man"与 β 合并，由于 γ 在结构上表现为 XP – YP，
并且 XP – YP 之间无共享特征，γ 无法获得标记。在（9）g 中，T 与 γ 合
并，由于 T 不具备标记能力，δ 处于无标记状态。在（9）h 中，"the
man"进行内部合并，生成 ε。根据（8）b 中的加标算法，γ 被标记为

"R – V ∗"。在（9）i 中，C 与 ε 合并，C 的 φ 特征被 T 所继承，ε 被标记为 < φ，φ >。根据 Chomsky（2015），T 可以通过其标识语获得加标能力，因此，δ 被标记为 < φ，φ >。至此，所有的句法实体均得到了标记，能够在概念 – 意向接口获得解释。

在外化理论模型中，合并是最小操作（minimal operation），影响两个句法实体。一致关系和加标算法是最小搜寻操作（minimal search operation），前者涉及探针 – 目标关系，后者对句法实体进行接口解释。外化运作的理论假设是：如果句法实体中被检测出含有不可加标成分（unlabelable elements），该句法实体将被语音部门解释为韵律短语。Doshashi（2019：107）提出了"句法 – 音系不对称条件（Syntax – Phonology Asymmetry）"，内容如下：

（10）句法 – 音系不对称条件

句法方面不活跃的元素对于外化过程是可见的。

句法方面的活跃性与加标能力有关。由于功能性成分 f 具有加标功能，其在句法方面活跃，而对于外化过程是不可见的。R 和 T 不具备加标功能，其在句法方面不活跃，但对于外化过程是可见的。对于句法实体 SO = {U, XP} 来说，如果 U 为不可加标成分，那么 SO 将被音系部门解释为韵律短语。当包含 SO 的语段推导完成之后，SO 便获得音系解释。例（9）的句法 – 音系互动如（11）所示：

（11）a. 句法： $[_\alpha \text{R Obj}]$

音系：

b. 句法： $[_\gamma \text{Subj} [_\beta \text{R} - v * [_\alpha t_\text{R} \text{Obj}]]]$

音系 $(\quad \text{Obj})_\varphi$

c. 句法： $[_\zeta \, C \, [_\varepsilon \, \text{Subj} \, [_\delta \, T \, [_\gamma \, t_{\text{Subj}} \, [_\beta \, R-v* \, [_\alpha \, t_R \, \text{Obj}]]]]]]$

音系： $(T \qquad R-v* \qquad —)_\varphi$

$\qquad\qquad (T \, R-v*)_\varphi \, (\text{Obj})_\varphi$

d. 句法： $[\, F \, [_\eta \, R_\emptyset \, [_\zeta \, C \, [_\varepsilon \, \text{Subj} \, [_\delta \, T \, [_\gamma \, t_{\text{Subj}} \, [_\beta \, R-v* \, [_\alpha \, t_R$

$\text{Obj}]]]]]]]]]$

音系 $(\qquad C \, \text{Subj} \, — \qquad — \qquad —)_\varphi$

$\qquad\qquad (C \, \text{Subj})_\varphi \, (T \, R-v*)_\varphi \, (\text{Obj})_\varphi$

在（11）a 中，句法实体中 α 含有不可加标成分 R，该成分被最小搜寻操作检测到。但由于 $v*$P 语段尚未完成，α 没有获得音系解释。在（11）b 中，R 提升至 $v*$，主语外部合并，$v*$P 语段推导完成。此时，α 获得音系解释，被运算系统外化为一个韵律短语 $(\text{Obj})_\varphi$。在（11）c 中，CP 语段推导完成，由于 δ 中含有不可加标成分 T，其被运算系统外化为一个韵律短语，由于 $(\text{Obj})_\varphi$ 已经在 $v*$P 语段中被外化为韵律短语，δ 被外化为韵律短语 $(T \, R-v*)_\varphi$。Dobashi（2019：110）进一步假设，CP 语段被一个语音形式为空的词汇项目 $R_\emptyset$ 选择，该词汇项目不具备加标能力，而 $R_\emptyset$ 是抽象语段 F 的一部分，如（11）d 所示。此时，FP 语段推导完成，α 和 δ 已经被系统外化为韵律短语，η 被系统外化为韵律短语 $(C \, \text{Subj})_\varphi$。此时，整个句法结构得到了音系解释，被运算系统外化为 $(C \, \text{Subj})_\varphi$ $(T \, R-v*)_\varphi$ $(\text{Obj})_\varphi$ 模式。

8.2.3 加标算法的参数差异

功能性中心语 T 的加标能力在不同语言中呈现出参数差异。英语形态变化相对贫瘠，其功能性中心语 T 不具备加标能力，而在意大利语这种形态变化丰富的语言中，T 具有加标能力（Chomsky，2015；Dobashi，2019）。T 在加标能力方面所表现出来的参数差异可以为一些语言现象提供解释，比如意大利语和英语之间差异（Rizzi，1982：117）：

　　（12）　a. *e* verrà.　　　　　　　　　　　（意大利语）

　　　　　　b. ＊*e* will arrive.　　　　　　　　（英语）

　　（13）　a. Chi$_i$ credi che *e*$_i$ verrà.　　　　　（意大利语）

　　　　　　b. ＊Who$_i$ do you think that *e*$_i$ will come?（英语）

　　（12）反映了英语和意大利语在 EPP 原则方面的差异：英语不允许主语脱落，而意大利语允许空主语的存在。（13）则是二者在"that – 语迹"效应方面的差异：英语中不允许显性标句词"that"后面出现语迹，而意大利语无此限制。加标算法可以为（13）和（14）提供解释。在 EPP 效应中，主语在提升移位前处于如下结构：

　　（14）［$_α$ T［Subj［ R－$v*$...

　　对于英语来说，T 不具备加标能力，无法为句法实体 α 提供标记。α由于无法获得音系解释而不合乎语法。因此，主语必须提升移位至 TP 的标识语位置，形成如下结构：

　　（15）［$_β$ Subj［$_α$ T［ t_{subj}［ R－$v*$...

　　在（15）中，由于主语和 T 共享 φ 特征，α 被标记为 <φ，φ>，从而能够获得音系解释。因此，英语必须满足 EPP 原则。意大利语中的空主语现象也可通过加标算法得到解释。由于意大利语形态变化丰富，其功能性中心语 T 具有加标能力。在（14）中，T 可以为句法实体 α 提供标记。因此，主语无须提升移位至 TP 的标识语位置。

　　将（13）所示的"that – 语迹"效应的句法结构简要表示如下：

　　（16）［Who do you think C［$_β$ t_{who}［$_α$ T［ t_{who}［ R－$v*$...

　　　　　'Who do you think that read the book?'

　　在英语中，"who"基础生成于 $v*$P 的标识语位置，然后提升移位至嵌入小句 TP 的标识语位置。如果"who"进一步提升移位至主句［Spec，

CP］位置，嵌入小句 CP 的补语 TP 将会进行移交操作。由于英语中的 T 不具备加标能力，"who"的移出造成 α 处于无标记状态，无法获得音系解释。而意大利语中的 T 具备加标能力，"who"的移出不影响 α 获得标记。关于"that－语迹"效应的跨语言差异，我们将在 8.3.3 节中详细解释。

8.3　外化理论的具体应用

8.3.1　SVO 型语言的韵律组配

跨语言的证据表明，SVO 型语言的基本韵律组配方式如下所示（Dobashi，2003）：

（17）a.　$(S)_\varphi$ $(V)_\varphi$ $(O)_\varphi$（埃维语（Aŋlɔ Ewe）、英语、意大利语、法语）

　　　　b.　$(S)_\varphi$ $(V\ O)_\varphi$（Kimatuumbi 语、Kinyambo 语、齐佩瓦语）

根据 Dobashi（2019）的研究，在（17）a 所示的语言中，宾语位于原位。在英语和埃维语中，动词（R）提升至 $v*$，在意大利语和法语中，动词进一步提升至 T，如（18）所示：

（18）a.　$[\ F\ [_\eta\ R_\varnothing\ [_\zeta\ C\ [_\varepsilon\ Subj\ [_\delta\ T\ [_\gamma\ t_{Subj}\ [_\beta\ R-v*\ [_\alpha\ t_R$
　　　　　$Obj\ ]\ ]\ ]\ ]\ ]\ ]\ ]\ ]$　　　　　　　　　　（英语、埃维语）
　　　　　$(\qquad\qquad Subj)_\varphi\ (\quad T\qquad R-v*)_\varphi\ (\quad Obj)_\varphi$

　　　　b.　$[\ F\ [_\eta R_\varnothing\ [_\zeta\ C\ [_\varepsilon\ Subj\ [_\delta\ R-v*-T\ [_\gamma\ t_{Subj}\ [_\beta\ t_{R-v*}\ [_\alpha\ t_R$
　　　　　$Obj\ ]\ ]\ ]\ ]\ ]\ ]\ ]\ ]$　　　　　　　　　　（意大利语、法语）
　　　　　$(\qquad\qquad Subj)_\varphi\ (\ R-v*-T\qquad\quad)_\varphi\ (\quad Obj)_\varphi$

在英语和埃维语中，当 $v*P$ 语段推导完成时，t_R 被最小搜寻操作检测为不可加标成分，α 被外化为韵律短语，即 $(Obj)_\varphi$。当 CP 语段完成时，T 被最小搜寻操作检测为不可加标成分，δ 被外化为韵律短语（T R – $v*$）$_\varphi$，当抽象语段 FP 推导完成时，$R_\varnothing$ 被最小搜寻操作检测为不可加标成分，η 被外化为韵律短语（Subj）$_\varphi$，整个结构的韵律模式为（Subj）$_\varphi$（T R – $v*$）$_\varphi$（Obj）$_\varphi$。由于 T 和 $v*$ 不具备语音形式，英语和埃维语的韵律组配方式为（S）$_\varphi$（V）$_\varphi$（O）$_\varphi$。在意大利语和法语中，动词提升至 $v*$ 之后，进一步提升至 T，形成复合结构"R – $v*$ – T"。Dobashi（2019：112）假设该复合结构不具备加标能力，被最小搜寻操作检测为不可加标成分。因此，δ 被外化为韵律短语。（18）b 的推导方式与（18）a 类似，最终被外化为（Subj）$_\varphi$（R – $v*$ – T）$_\varphi$（Obj）$_\varphi$。同样，由于 T 和 $v*$ 不具备语音形式，意大利语和法语中的韵律模式也表现为（S）$_\varphi$（V）$_\varphi$（O）$_\varphi$。

在（17）b 所示的语言中，动词及其宾语被外化为同一个韵律短语。Dobashi（2019：113）指出，在 Kimatuumbi 语、Kinyambo 语和齐佩瓦语（均为班图语）中，宾语提升至 $v*$P 的标识语位置，动词 R 经 $v*$ 移位至 T。这三种语言的句法 – 音系结构如（19）所示：

(19) [$_F$ [$_\eta$ $R_\varnothing$ [$_\zeta$ C [$_\varepsilon$ Subj [$_\delta$ R – $v*$ – T [$_\gamma$ Obj t_{Subj} [$_\beta$ $t_{R–v*}$ [$_\alpha$ t_R t_{Obj}]]]]]]]]]

(Subj)$_\varphi$ (R – $v*$ – T Obj)$_\varphi$ Ø

可以看出，宾语提升移位至 $v*$P 的标识语位置，在原位留下语迹。当 $v*$P 语段生成时，α 中被检测出含有不可加标成分 t_R。由于 α 中只剩下动词和宾语的语迹，外化过程无法进行。当 CP 语段生成时，δ 中被检测出含有不可加标成分"R – $v*$ – T"，因此，δ 被外化为韵律短语（R – $v*$ – T Obj）$_\varphi$。当抽象语段 F 生成之后，η 中被检测出含有不可加标成分 $R_\varnothing$，因此，η 被外化为韵律短语（Subj）$_\varphi$。因此，在 Kimatuumbi 语、Kinyambo 语和齐佩瓦语中，动词及其宾语位于同一个韵律短语之中，韵律模式表现为（S）$_\varphi$（V O）$_\varphi$。

8.3.2 韵律层级的接口解释

在匹配理论中，韵律层级由句法结构机械映射而来，带有较强的规定性。其映射机制可以简单表述如（20）所示（Richards，2016：72）：

（20） a. 将句法中心语映射为韵律词 ω，

　　　 b. 将最大投射 XP 映射为韵律短语 φ，

　　　 c. 将小句映射为语调短语 ι。

最简方案中基于语段的多重拼出操作可以将韵律短语从句法运算中拼读出来，消除了匹配理论映射机制的特设性。但多重拼出无涉韵律词和语调短语的推导生成，并且在句法和音系运作方面存在一些问题（见8.2.1节的论述）。外化理论取消了拼出操作，通过音系运作将句法实体外化为线性语序。Dobashi（2013）指出，外化过程中的线性化运作（linearization procedure）可以将（19）中的韵律范畴推导出来，从而完全消除了机械定义的映射机制。Dobashi（2019：149）指出，线性化运作的基本单位（其术语为"prime"）对应特定的韵律范畴，具体表示如（21）所示：

（21） a. Lin（W）运作的基本单位被解释为韵律词，

　　　 b. Lin（LS）运作的基本单位被解释为韵律短语，

　　　 c. Lin（¬ S）运作的基本单位被解释为语调短语。

Lin（W）的操作对象是单词（终端节点），Lin（LS）的操作对象是线性序列（Linear String），Lin（¬ S）的操作对象为非句法成分（受信息结构的影响）。正如上文所指出的，句法实体 SO 的音系解释在包含该句法实体的语段推导完成后进行。当音系部门检测到 SO 中含有不可加标成分时，Lin（W）对 SO 中的终端节点进行线性化解释。以及物性结构为例，如（22）所示：

（22）$[\,_F\,[\,_\eta\,R_\varnothing\,[\,_\zeta\,C\,[\,_\varepsilon\,Subj\,[\,_\delta\,T\,[\,_\gamma\,t_{Subj}\,[\,_\beta\,R{-}v*\,[\,_\alpha\,t_R\,Obj]]]]]]]]$

a. Obj　　　　　　　　　　　　　　Lin（W）

b. T ＜ R－v＊　　　　　　　　　Lin（W）

c.（T ＜ R－v＊）$_\varphi$（Obj）$_\varphi$　　　Lin（LS）

d. Subj　　　　　　　　　　　　　Lin（W）

e.（Subj）$_\varphi$（T ＜ R－v＊）$_\varphi$（Obj）$_\varphi$　　Lin（LS）

在（22）a 中，v＊P 语段推导完成时，α 获得音系解释，其中的不可加标成分 t_R 被最小搜寻操作检测出来。此时，Lin（W）对其中的终端节点进行操作。由于 α 中只包含一个显性成分 Obj，Lin（W）将其外化为只包含一个成分的线性序列（trivial linear string）"Obj"。在（22）b 中，CP 语段推导完成时，δ 获得音系解释，其中的不可加标成分 T 被检测出来。此时，Lin（W）分别对 T 和"R－v＊"进行操作，将其外化为线性序列"T ＜ R－v＊"。在（22）c 中，"T ＜ R－v＊"和"Obj"相对位置的确定通过 Lin（LS）来实现，Dobashi（2019：150）指出，如果句法实体 SO_1 在结构上包含 SO_2，那么与 SO_1 对应的 LS_1 直接居前于与 SO_2 对应的 LS_2。由于"T ＜ R－v＊"（δ）在结构上包含"Obj"（α），因此在线性语序上，"T ＜ R－v＊"居前于"Obj"。由于 T ＜ R－v＊"和"Obj"是 Lin（LS）的操作对象，二者被外化为韵律短语。在（22）d 中，抽象语段 FP 推导完成，不可加标成分 $R_\emptyset$ 被最小搜寻操作检出来，Lin（W）操作得出（22）d。由于 η 在结构上包含 δ，"Subj"在线性语序上居前于"（T＜R－v＊）$_\varphi$（Obj）$_\varphi$"，由于"Subj"是 Lin（LS）的操作对象，其被外化为一个韵律短语，从而得到（22）e 中的韵律模式。

最后，当整个句法结构推导完成时，已经终止的推导式（terminated derivation）被 Lin（¬ S）外化为语调短语。已经终止的推导式可以被直接检测出来，这一过程被称为"零搜寻"（zero search）。一个推导终止的句法实体被音系部门解释为一个语调短语（Dobashi，2019：165）。Dobashi

（2019：163）将"推导终止"定义如下：

（23）当工作空间只剩下单一实体时，句法推导终止。

比如当推导终止时，（24）h 中只剩下一个句法集合，WS 代表工作空间：

（24）$[_{\text{CP}}$ C $[_{\text{TP}}$ Subj T $[_{v*\text{P}}$ t_{Subj} $v*$ $[_{\text{VP}}$ V Obj$]]]]$

    a. WS1 ＝ $[$Subj, $v*$, V, Obj$]$

    b. WS2 ＝ $[$ $\{$V, Obj$\}$, Sub, $v*]$

    c. WS3 ＝ $[$ $\{v*$, $\{$V, Obj$\}\}$, Subj$]$

    d. WS4 ＝ $[$ $\{$Subj, $\{v*$, $\{$V, Obj$\}\}\}]$

    e. WS5 ＝ $[$ $\{$Subj, $\{v*$, $\{$V, Obj$\}\}\}$, C, T$]$

    f. WS6 ＝ $[$ $\{$T, $\{$Subj, $\{v*$, $\{$V, Obj$\}\}\}\}$, C$]$

    g. WS7 ＝ $[$ $\{$Subj, $\{$T, $\{$Subj, $\{v*$, $\{$V, Obj$\}\}\}\}\}$, C$]$

    h. WS8 ＝ $[$ $\{$C, $\{$Subj, $\{$T, $\{$Subj, $\{v*$, $\{$V, Obj$\}\}\}\}\}\}]$

当推导完成时，WS8 中只剩下一个句法集合，整个句子被外化为一个语调短语。除了完整的句子之外，话题短语、形容词修饰成分、插入成分、重型名词短语外置（heavy NP shift）等也被视为终止了的句法推导，被音系部门外化为语调短语。可以看出，通过 Lin（W）、Lin（LS）和 Lin（¬S）等音系运作，音系部门将句法结构分别外化为韵律词、韵律短语和语调短语等不同的韵律单位。

8.3.3 句法现象的音系诠释

外化理论能够为句法现象提供新的解释方案。比如经典的"that－语迹"效应在不同的语言中呈现出参数差异：

（25）a. What$_i$ do you think that John Bought t_i? （英语）

    b. * Who$_i$ do you think that t_i bought the apple?

（26）Chi　pensi　　che t_{chi} ha　incontrato i　linguisti?　（意大利语）

　　　Who you. think　C　has　met　　　the linguists

　　　'Who do you think（that）has met the linguists?'

从（25）和（26）可以看出，英语中存在"that‒语迹"效应，而意大利语中不存在该效应。作为功能词，"that"自身不能构成一个韵律短语（Sato and Dobashi，2016）。也就是说，一个韵律短语不能只包含功能词（Zwicky，1982；Saito，2019）。这条规则可以表述为：

（27）＊（f），f 是一个功能词。

这条规则说明，标句词不能独立构成韵律短语。（24）a 的推导过程如（28）所示：

（28）a. What do you think $-v*$ $[_{\gamma}$ t_{Rthink} $[$ C_{that} $[$ John $[_{\beta}$ T $[$ t_{John} $[$ $R_{\text{bought}}-v*$ $[_{\alpha}$ t_{Rbought} $t_{\text{wh at}}$ $]]]]]]]$

　　　b. What do you think（　　　　　that John $)_{\varphi}$（　　　　　bought$)_{\varphi}$　　　Ø

在（28）中，当嵌入小句中的 $v*$P 语段推导完成时，α 中的不可加标成分 t_{Rbought} 被检测出来。由于 α 中均为空成分，α 无法被外化为韵律短语。当嵌入小句中的 CP 语段推导完成时，β 中的不可加标成分 T 被检测出来，β 被外化为韵律短语（bought$)_{\varphi}$。当主句 $v*$P 语段推导完成时，γ 中的不可加标成分 t_{Rthink} 被检测出来，γ 被外化为韵律短语（that John $)_{\varphi}$。由于功能性中心语 C 和"John"共同构成一个韵律短语，推导合乎语法。（24）b 的推导过程如（29）所示：

（29）a. Who do you think $-v*$ $[_{\gamma}$ t_{Rthink} $[C_{\text{that}}$ $[t_{\text{who}}$ $[_{\beta}$ T $[$ t_{who} $[$ $R_{\text{bought}}-v*$ $[_{\alpha}$ t_{Rbought} the apple $]]]]]]]$

　　　b. Who do you think　（　　　that　　）$_{\varphi}$（　　　　　bought $)_{\varphi}$

　　　　（　　the apple $)_{\varphi}$

在（29）中，当嵌入小句中的 $v*$P 语段推导完成时，α 中的不可加标

成分 t_{Rbought} 被检测出来。α 被外化为韵律短语（the apple）$_\varphi$。当嵌入小句中的 CP 语段推导完成时，β 中的不可加标成分 T 被检测出来，β 被外化为韵律短语（bought）$_\varphi$。而当主句 $v*P$ 语段推导完成时，γ 中的不可加标成分 t_{Rthink} 被检测出来，γ 被外化为韵律短语（that）$_\varphi$。由于该韵律短语只包含一个功能性中心语 C，推导不合乎语法。

将（26）中意大利语的推导过程如（30）所示：

（30）a. Chi pensi $\left[\,_\delta\, t_{\text{RV}}\, \left[\,_{\text{CP}}\, \text{che}\, \left[\,_\gamma\, (t_{\text{chi}})\, \left[\,_\beta\, T_{\text{ha}}\, \left[\, t_{\text{chi}}\, \left[\, R_{\text{incontrato}} - v*\right.\right.\right.\right.\right.\right.$
$\left.\left.\left.\left.\left.\left.\left[\,_\alpha\, t_R\, \text{i linguisti}\,\right]\,\right]\,\right]\,\right]\,\right]\,\right]$

　　　b. Chi pensi（　　che　　　ha　　　incontrato）$_\varphi$（　i lin-guisti）$_\varphi$

在（30）中，当嵌入小句中的 $v*P$ 语段推导生成时，α 中的不可加标成分 t_R 被检测出来，α 被外化为一个韵律短语（i linguisti）$_\varphi$。由于 T 在意大利语中具有加标能力，当嵌入小句中的 CP 语段生成时，γ 并不会被外化为一个韵律短语。只有当主句 $v*P$ 语段生成时，δ 中的不可加标成分 t_{RV} 被检测出来，δ 被外化为韵律短语（che ha incontrato）$_\varphi$。由于"che（that）"与"ha（has）"和"incontrato（met）"共同构成一个韵律短语，推导合乎语法。意大利语中具有加标能力的 T 使得标句词与动词共同构成一个韵律短语，因此不存在"that－语迹"效应。

8.4　《外化：句法实体的音系解释》（2019）内容介绍及理论简评

8.4.1　主要内容

《外化：句法实体的音系解释》一书共包含六章内容。

第一章为引言，作者在本章引入"外化"这一理论概念，指出线性化过程的操作对象对应于不同的韵律域，并能够推导出不同的韵律范畴。

第二章"韵律域与句法－音系接口"明确了句法－音系研究的主要对象，回顾了自20世纪60年代以来句法－音系接口研究的代表性理论以及存在的问题，指出句法及音系理论的发展对句法－音系接口研究所产生的影响。

第三章"线性化与韵律域"首先回顾了最简方案的理论框架，讨论了多重拼出的接口操作。随后作者对 SVO 型语言的韵律组配进行了分析，指出其所具有的（S）$_\varphi$（V）$_\varphi$（O）$_\varphi$ 型和（S）$_\varphi$（V　O）$_\varphi$ 型基本韵律配置。作者探讨了语段理论中的多重拼出操作与韵律域之间的关系，指出不同的韵律范畴（韵律词、韵律短语和语调短语）可以通过线性化运作得到解释。

第四章"最小搜寻与韵律单位的确定"是本书的核心部分。本章首先审视了内在性语言的语法模型，指出拼出操作并不具备理论意义，应当从运算系统中剔除。本章确定了内在性语言设计的"I"模型，并将外化运作视为一种"次生现象"。随后，本章回顾了 Chomsky（2013，2015）的加标算法，指出句法实体中的不可加标成分会被最小搜寻操作检测出来，从而将该句法实体外化为韵律短语。作者在外化理论的框架下对"that－语迹"效应、SVO 型语言的韵律组配方式以及意大利语、祖鲁语（Zulu）和齐佩瓦语中的主语/话题现象进行了重新解释，并指出韵律层级中的不同范畴类型可以通过 Lin（W）、Lin（LS）和 Lin（¬ S）等音系运作推导而来。

第五章"零搜寻与语调短语"旨在明确语调短语的推导方式。本章指出了匹配理论的不足之处，明确了"推导终止"与语调短语解释之间的关系。作者指出，音系部门通过"零搜寻"的方式将终止了的推导式解释为语调短语，从而将不同类型的韵律范畴在线性化的运作下统一起来。

第六章为结论，主要回顾了内在性语言设计的"I"模型以及 Lin（W）、Lin（LS）和 Lin（¬S）等音系运作方式，再次强调了外化模型的理论优势。

8.4.2 简要评价

本书的理论意义和学术价值主要体现在以下三个方面：

第一，在理论构建方面，外化理论颠覆了主流形式学界所采用的"倒Y"模型，取消了拼出操作，将音系运作视为一种次生现象，提出了内在性语言设计的"I"模型，进一步精简了自然语言的语法构造。拼出操作的取消，消除了介于语音部门和语义部门之间的中介性组件，使音系运作不但能够涉及句法信息，还能够直接参照语义信息，比如 Lin（¬S）运作涉及语义信息，从而打破了以往运算模型中语义部门和音系部门分立而治的局面，在一定程度上优化了自然语言的内在设计，进一步提高了运算效率。

第二，赋予音系运作全新的理论定位。在外化模型中，音系部门不再是内在性语言的一部分，而是一种外在性的解释程序，为推导生成的结构信息提供循序式的音系解释，并将其外化为不同类型的韵律范畴。外化理论由此得名，即赋予句法成分外在化的线性表征，并为其提供外在性的韵律构型（孙文统，2021a）。

第三，为句法现象提供全新的接口解释。二元合并、句法加标、一致操作和线性化操作动态协作，为自然语言中的句法－韵律现象提供解释。比如在韵律层级的解释方面，外化理论打破了匹配理论中人为机械的映射机制，转而使用不可加标和线性化操作的句法－音系运作模式，为韵律层级中的韵律范畴提供解释，进一步提升了解释力。

当然，该理论模型仍然存在一定的提升空间。虽然语言设计的"I"

模型赋予了语音部门参照句法信息和语义信息的功能，增强了语法模块之间的联通效率，但这种联通方式是单向的，还是双向的，原作中并未言明。此外，原作中将"推导终止"作为语调短语的外化依据，尚未考虑语言的递归性对句法－韵律产生的影响。这些问题值得进一步的研究与思考。

8.5　本章小结

本章对外化理论的理论模型与具体应用进行了介绍。8.1 节简要叙述了最简方案中拼出操作所存在的问题，明确了外化理论的接口属性。8.2 节阐述了内在性语言设计的"I"模型，明确了外化的理论地位。本节介绍了 Chomsky（2013，2015）的加标算法，并指出 T 在加标能力方面具有参数差异。8.3 节在外化理论的框架下对 SVO 型语言的基本韵律配置、韵律层级和"that－语迹"效应进行了接口性诠释。8.4 节对《外化：句法实体的音系解释》一书进行了简要的介绍与评价。

第九章

韵律句法：基于汉语事实的形式理论

9.1　理论背景

汉语的高度解析性与句式的灵活多变性使其显著地区别于以英语为代表的西方语言。尽管西方形式语言学理论为汉语语法研究带来了诸多启示，很多汉语表达仍然无法在西方主流形式语言学理论的框架下得到解释。汉语中存在很多看似合乎语法却表达拗口的结构，为主流形式句法学理论带来了极大的挑战。比如（1）所示的动宾搭配：

(1)　a. 种花　　还书　　读报　　选课　　浇地　　　（双音节）

　　　b. 种菊花　还图书　读报纸　选课程　织毛衣　（三音节）

　　　c. *种植花 *归还书 *阅读报 *选择课 *浇灌地　（三音节）

例（1）a 项中的动宾搭配采用［1 + 1］的音节模式，b 项中的动宾搭配采用［1 + 2］的音节模式，c 项中的动宾搭配采用［2 + 1］的音节模式。可以看出，同为句法上的动宾搭配，a 项和 b 项中的搭配文从字顺，而 c 项中的搭配显得十分拗口。这种差异显然无法单纯从句法的角度进行解释。同样，在下列表达中，音节数量也能够影响语言表达的合法度（冯胜利，2013：xiv）：

（2）a. 收徒少林寺　　负责护理工作　　关严窗户　　简化手续

　　　b. *收徒弟少林寺 *负责任护理工作 *关严实窗户 *简单化手续

在例（2）中，"收徒少林寺"和"负责护理工作"为动宾组合带宾语的情况，动宾组合中的宾语必须为单音节成分，结构表达才合乎语法。"关严窗户"是动补组合带宾语的情况，同样，动补组合中的补语必须为单音节成分，结构表达才文从字顺。"简化手续"和"*简单化手续"之间的差异在于动词的音节数量。同样，这些现象也不能通过单纯的句法规则进行解释。

当然，更多的难解之谜等着我们去解释（冯胜利，2013：xiii）：

（3）a. *张三今天打电话三次。　　　　（VO Frequency P）

　　　b. *张三昨天打电话两个钟头。　　（VO Duration P）

　　　c. *张三吃饭得很快。　　　　　　（Resultative de – clause）

　　　d. *张三贴画在墙上。　　　　　　（VO PP）

在例（3）中，a 项是动宾短语带频率状语的情况，b 项是动宾短语带延续性状语的情况，c 项是动宾短语带结果状语的情况，d 项是动宾短语带介词短语的情况，这些表达均不合乎语法。但在英语中，（3）中的表达均合乎语法，如（4）所示：

（4）a. Zhang San makes phone calls three times today.

　　　b. Zhang San made phone calls for two hours yesterday.

　　　c. Zhang San has lunch quickly.

　　　d. Zhang San pastes the picture on the wall.

Huang（1984）用"短语结构限制"（Phrase Structure Constraint）来解释（3）和（4）之间的差异。该限制条件限定汉语动词短语的核心词只能向左分枝一次，即动词后面只带一个成分。因此（3）中的句子不合乎语法。但该限制条件的规定性较强，并且不能解释（5）的句子：

（5）a. 今天我打了他三次。

　　 b. 去年我告了他三回。

在例（5）中，谓语动词后面均带有两个成分，但是句子合乎语法。此外，"短语结构限制"也无法解释下面的语言现象（冯胜利，2013：xiv）：

（6）a. *那本书，他放了在桌子上。

　　 b. 那本书，他放在了桌子上。

可以看出，（1）至（6）中的语言现象并不能通过单纯的句法规则进行解释，最简方案框架中的一致操作和特征核查并不适用于汉语这种缺乏形态变化的语言。同时，接口理论的研究（Richards，2010，2016；Dobashi，2013，2019 等）动摇了最简方案所坚持的纯粹性句法推导，为韵律 - 句法的互动研究提供了理论基础。韵律句法学正是在这种学术背景下逐渐成长起来的。韵律句法从汉语事实出发，尝试从韵律制约句法的角度为汉语语法现象提供解释。韵律句法理论的创始人为香港中文大学中文系冯胜利教授，其关于韵律句法的论述集中体现在《汉语的韵律、词法与句法》（1997）、《汉语韵律句法学》（2000）、《汉语韵律语法研究》（2005）等系列专著中。2019 年 4 月，由英国劳特利奇出版公司出版的《汉语韵律句法学》（*Prosodic Syntax in Chinese*）一书，是其关于韵律句法理论的全面总结与概括。该书全面阐述了韵律句法学的产生背景、研究方法、核心思想和技术操作，并对汉语中的一系列语言现象提供了解释。

9.2　理论主张及基本操作

9.2.1　理论主张及基本原则

与 Richards（2016）和 Dobashi（2019）的接口理论不同，韵律句法学主张韵律制约句法，韵律控制句法。也就是说，在韵律句法学中，韵律占据主导地位，韵律既可以制约句法表征，也能够驱动句法运作。冯胜利（2013，2019：2 - 5）归纳出韵律对句法所产生的影响，简要陈述如下：

第一，韵律可以打乱原有的句法结构，重新进行韵律组配。这在诗歌和四字成语中较为普遍。比如"醉把茱萸仔细看"和"一衣带水"中，前者的韵律节奏为"醉把/茱萸/仔细看"，后者应读成"一衣/带水"，尽管前者的"把茱萸"是一个句法结构，后者意为"一条如衣带一样宽的河水"（冯胜利，2013：2）。

第二，韵律对句法表征具有制约作用。还以汉语中的动宾搭配为例，[1 + 2] 型的动宾搭配如"读报纸""种花草""还图书"等搭配合乎语法，而 [2 + 1] 型的动宾搭配如"阅读书""种植花""归还书"等则显得十分拗口。

第三，韵律可以驱动句法操作，从而导致句法成分的移位或并入。比如"放了在桌子上"显得十分拗口，而"放在了桌子上"则较为通顺。在这种情况下，介词"在"并入动词短语中，改变了原有的句法结构，使表达显得文从字顺。

此外，韵律还可以"征服"句法，"硬用"句法和激发新的句法形式，从而对句法结构产生重大的影响（冯胜利，2013/2019：2 - 5）。

韵律句法中的核心概念是核心重音（Nuclear Stress），其通过动词实现，对句法结构的合法度产生重大的影响。Feng（2003：1085 – 1122）总结出核心重音的几种类型，如（7）所示：

(7) a. 核心重音规则（Nuclear Stress Rule，NSR）　（Liberman and Prince，1977）

在 $[N_1\ N_2]_P$ 中，P 为短语，$[N_1\ N_2]$ 为姊妹节点，N_2 那么较重。

b. 深重原则（Depth Stress Principle）（Cinque，1993）

在结构上内嵌最深的成分得到重音。

c. 选择原则（Selectionally – based NSR）（Zubizarreta，1998）

给定两个姊妹节点 C_i 和 C_j，如果 C_i 和 C_j 为选择次序，较低的一个较为凸显。

d. 支配原则（Government – based NSR）（Feng，1995）

句中主要动词直接支配的成分得到重音。

根据 Liberman and Prince（1977）的研究，自然语言的核心重音通过短语结构实现。罗曼语的核心重音在最后一个短语内实现。日耳曼语的核心重音则在动词所选择的补语内实现。汉语的核心重音在动词管辖的区域内实现。冯胜利（2013）进一步指出：核心重音的指派者必须等于或者小于最小词（minimal word）。而最小词是一个由两个音节组成的音步[①]。韵律对句法的制约源自核心重音。很多成分由于得不到核心重音而导致不合乎语法，如图 9 – 1 所示（Feng，2019：xxii）：

---

① 韵律句法学中的"音步"与 Halle and Idsardi（1995）所讨论的"音步"内涵不同，现代汉语中两个音节构成一个音步，后者所讨论的音步可以包含多个音节（见本书第七章 7.2.3 节的论述）。

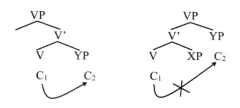

图 9 - 1　核心重音指派示意图

汉语的重音类型为支配性的核心重音，即重音由动词指派。图 9 - 1（左）中的 YP 可以直接获得由动词指派的重音，而图 9 - 1（右）中的 YP 由于受到 XP 的阻隔，无法获得核心重音，导致结构不合乎语法。有了重音指派原则，（3）中的句子可以得到解释：（3）a 中的"打"给"电话"指派重音，使得其后的"三次"由于得不到重音而不合乎语法。（3）b 至（3）d 中的"两个钟头""很快""在墙上"也是由于得不到重音而使表达不合乎语法。（6）合乎语法的原因是动词宾语为不带重音的韵律隐性成分（如代词、助词、介词、小品词和定指成分等），动词后面允许出现第二个成分。

因此，"韵律控制句法"是韵律句法学的基本主张，音节配置和核心重音是影响句法合法度的重要因素。

9.2.2　句法学的基本原理

韵律句法学中的句法部分主要采用生成语法理论中的管辖与约束（Government and Binding, GB）框架，尚未涉及最简方案中的探针搜寻和语段推导等技术操作。句法表征的精密化程度不高，没有采用句法制图中的表征模式。具体来说，韵律句法主要吸收了生成语法关于语言普遍性的理论假设，涉及论元结构、语义角色、投射原则、X'理论、格理论、管辖与约束理论等。

韵律句法认为，动词的所有论元都要被投射出来，每个论元必须获得一个语义角色。论元结构的表征符合 X' 理论的要求，在结构上表现为对称性的双分枝结构，如图 9 - 2 所示（Feng，2019a：26）：

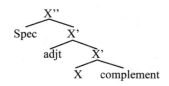

图 9 - 2　韵律句法短语结构示意图

在图 9 - 2 中，"X" 为中心语，"X'" 为中间投射，"X''" 为最大投射，代表短语。"Spec" 是标识语，"adjt" 为附加语，一般指形容词、副词等修饰成分。"complement" 为补语，包括宾语、补语等。区分附加语和补语具有重要的理论意义。主语和宾语构成动词短语的论元结构，是必备成分，附加语是修饰成分，在结构中可有可无。这种结构上的差异可以帮助我们对下列现象进行解释（冯胜利，2013：71），如（8）所示：

（8）a. 跟我走

　　　b. 拿刀切

与 "＊种植树" "＊阅读报" "＊归还书" 等不合乎语法的 [2 + 1] 型动宾搭配不同，（8）中的结构包含附加语成分，如图 9 - 3 所示：

图 9 - 3　"跟我走" 和 "拿刀切" 结构示意图

可以看出，在 "跟我走" 和 "拿刀切" 中，"跟我" 和 "拿刀" 是介词成分，在整个结构中是附加语。附加语不是结构中的必需成分，不必携带核心重音，因此结构合乎语法。

在名词短语的授格方面，韵律句法采用 GB 框架中的格限制原则，认为具有语音形式的名词均需要得到格。此外，格的指派需要满足邻接原则（冯胜利，2013：31），如（9）所示：

（9）a. 张三不断跟他开玩笑。

　　　b. 张三跟他不断开玩笑

　　　c. ＊张三跟不断他开玩笑。

在上例中，介词"跟"及其授格对象"他"之间需要满足邻接条件。（9）a 和（9）b 中的介词与其宾语直接邻接，结构合乎语法，（9）c 由于没有满足邻接条件导致表达不合乎语法。

管辖与约束理论也被韵律句法所吸纳，用于"被"字句等结构的解释中。约束需要满足两个条件：结构上的成分统制与语义上的同指。约束三原则的内容如下（Radford，2016：484）：

（10）a. 约束原则 A：照应语必须在其管辖域内受到约束。

　　　b. 约束原则 B：代词必须在其管辖域内自由。

　　　c. 约束原则 C：指称语必须自由。

约束原则不但对显性成分起作用，同样涉及语言中的空成分，包括移位所产生的名词语迹和变项，以及定式小句和不定式小句中的 pro 和 PRO。韵律句法将 GB 理论中的主要理论构件融入自身的理论模型中，构建出韵律句法理论的句法框架。

9.2.3　韵律学的基本原理

韵律句法学在理论构建的过程中同时吸纳了韵律学中的若干概念，涉及相对轻重原则、音步、韵律隐形成分、普通重音等。

相对轻重原则由 Liberman and Prince（1977）提出，指的是成对的两个成分总是一个较轻，一个较重，要么是［轻重］模式，要么是［重轻］模式，而不可能是［轻轻］或［重重］模式。一个轻重组合构成了韵律系统中的最小单位，即音步。一个音步至少由两个成分构成，并且只能包含一个核心。自然语言中的音步分为两种类型：音节音步和韵素音步。汉语是音节音步，日语是韵素音步。能否构成音步是衡量音节轻重的重要指标。能够构成音步的音节表现为重，不能构成音步的音节表现为轻。汉语表现为音节音步，其音节内部韵素的数量不影响其韵律表现。

现代汉语中的最小音步是双音节音步，表现为双分枝的两个音节 $[\sigma\sigma]_{foot}$。古代汉语中存在单音节音步 $[\sigma]_{foot}$。现代汉语中还存在超音步 $[[\sigma\sigma]_{foot}\sigma]_{FOOT}$ 和双音步 $[[\sigma\sigma]_{foot}[\sigma\sigma]_{foot}]_{PrWd\ Compound}$。双音节音步构成一个韵律词，是韵律系统中最基本的单位。韵律词的结构模式（冯胜利，2013：48），如图 9 - 4 所示：

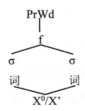

图 9 - 4　韵律词结构示意图

一个音步就是一个韵律词，这种 $[\sigma\sigma]$ /（词词）的形式在汉语中表现为词或短语（X^0 表示词，X'表示短语）。超出一个音步组合的轻重模式则根据分枝情况进行判定，如图 9 - 5 所示：

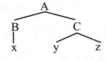

图 9 - 5　超出一个音步组合的轻重模式

在图 9-5 中，B 是单分枝结构，C 是双分枝结构。因此，C 比 B 重。这种轻重原则不但适用于词内轻重关系的确定，也适用于短语层面轻重关系的确定。

韵律隐形成分即传统语言学中的虚词成分（功能词），包括助词、代词、介词、小品词等。这类词在不表示对比强调的情况下，一般都不携带重音，在韵律中表现为隐形成分。比如作为体态助词的"着""了""过"在句中不携带重音。助动词"能""得""可以"等在一般情况下也不携带重音。代词"你""他""这个""那个"一般也不携带重音。除此之外，句法上的空成分和定指成分一般也不携带重音，如（11）和（12）所示：

（11）a. 这本书我非常爱读。

b. 我也爱读 e。

（12）a. 我昨天买了一本新书。

b. 我非常喜欢这本新书。

（11）b 中的空成分"e"无语音形式，自然没有重音。（12）a 中的不定指成分"一本新书"是新信息，需要重读，而（12）b 中的定指成分"这本新书"为旧信息，不需要重读。

普通重音即核心重音，是一个完整的句子在不受语境影响时所表现出来的重音模式。这种重音模式一般表现为后重，比如 Liberman and Prince（1977）总结的关于 SVO 型普通重音的一般公式，如（13）所示：

（13）普通重音的一般公式

$[\ldots X\ Y]_s$ 如果 S 是一个句子，那么 Y 重。

对于汉语来说，普通重音由动词指派，在确定句子的普通重音时，首先找到句中最后一个主要动词及其论元，由动词及其论元组成重音范域，重音由左向右地从动词指派给其论元。比如在"张三想读书"中，最后一个动词及其论元为"读书"，"读书"构成重音范域，动词"读"向其论元"书"指派普通重音。

此外，韵律句法学还吸收了韵律音系学中有关韵律层级、韵律单位、音节结构、节奏、声调、重音等方面的基本理念，构建出韵律句法理论的韵律框架。

9.3 韵律句法的具体应用

9.3.1 韵律控制下的句法表征

韵律对句法的控制首先表现在韵律对句法表征的制约方面。具体表现为头重脚轻和尾大不掉的句法结构违反了韵律要求。头重脚轻现象涉及动宾结构、把字句和被字句，如（14）所示：

（14）a. ＊种植花 ＊阅读报 ＊归还书

　　　 b. ＊把他打 ＊把你夸 ＊把脸洗

　　　 c. ＊被人打 ＊被大众爱 ＊被大风刮

（14）a 即为 9.1 节中提到的 ［2 +1］型动宾搭配，（14）b 为动词为单音节的把字句，（14）c 为动词为单音节的被字句。（14）a 不合乎语法的原因在于普通重音无法在 ［2 +1］型动宾搭配中实现。［2 +1］型动宾搭配的韵律结构（冯胜利，2013：185），如图 9 –6 所示：

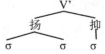

图9 –6　［2 +1］型动宾搭配的韵律结构

　　由于［2＋1］型动宾搭配的动词为两个音节，宾语为1个音节，造成左重右轻的局面，不符合普通重音在韵律上右重的要求，因此结构不合乎语法。在［1＋1］型和［1＋2］型动宾搭配中，动词可以将重音指派给其宾语，从而满足普通重音右重的韵律要求。（14）b和（14）c中的把字句和被字句的情况与之类似。在"把他打"和"被人打"中，"他"是"打"的宾语，与动词一起构成重音范域。但很明显，双音节的"把他"和"被人"比单音节的"打"重，从而使整个结构呈现出左重右轻的局面，不符合普通重音右重的韵律要求。

　　尾大不掉现象涉及"动宾＋量""动宾＋介""动补＋宾"等结构。"动宾＋量"结构，如（15）所示：

（15）a. 张三打了他一下。

　　　　b. *张三打了两个人两下。

　　　　c. 张三打了三次电话。

（15）a"动＋量＋宾"表达合乎语法，而（15）b中的"动＋宾＋量"不合乎语法。二者之间的差异如图9－7所示：

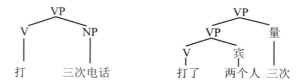

图9－7　"动＋量＋宾"（左）与"动＋宾＋量"（右）结构示意图

　　在"动＋量＋宾"结构中，由于"三次电话"是新信息，是不定指成分，动词"打"可以向其指派普通重音。而在"动＋宾＋量"结构中，"两个人"也是新信息，在语义上不定指。因此，动词"打"向其指派普通重音，造成"三次"得不到重音，从而造成表达不合乎语法。（15）a合乎语法是因为代词"他"是韵律中的隐形成分，本身不携带重音。因此，动词"打"将普通重音指派给"一下"，满足了普通重音的要求。

尾大不掉的"动宾＋介"，如（16）所示：

（16）＊张三借了一本书从图书馆。

在例（16）中，介词短语"从图书馆"位于动宾短语之后，结构不合乎语法。冯胜利（2013：205）从重音支配的角度对该类现象进行了解释，"动宾＋介"的结构模式，如图9－8所示：

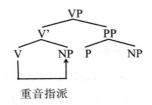

图9－8　"动宾＋介"结构示意图

在"动宾＋介"结构中，由于动词将普通重音指派给其宾语，造成介词宾语无法得到重音，因此结构不合乎语法。除此之外，动补结构带宾语也受到韵律的限制（李小荣，1994；董秀芳，1998），如（17）所示：

（17）a. 关严窗户　累弯了腰　　哭哑了嗓子　摆齐桌子

　　　b. ＊关严实窗户 ＊累弯曲了腰 ＊哭嘶哑了嗓子 ＊摆整齐桌子

可以看出，双音节动补结构可以带宾语，三音节动补结构不能带宾语。三音节动补短语带宾语的结构（冯胜利，2013：212），如图9－9所示：

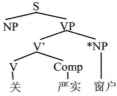

图9－9　三音节动补短语带宾语结构示意图

在图 9-9 中，动词"关"直接支配其补语"严实"，并向其指派普通重音，使得位于补语后面的宾语"窗户"得不到重音，因此表达不合乎语法。这里的"关严实"超出了最小词（两个音节）的限制，因此不能作为一个整体向"窗户"指派重音。但"关严窗户"合乎语法。原因是"关严"等〔1＋1〕型韵律搭配可以构成一个韵律词，满足最小词条件，因此可以向"窗户"指派普通重音，从而使表达合乎语法。

9.3.2 韵律驱动下的句法操作

韵律不但能够对句法结构的表征方式进行制约，还能够驱动句法移位，从而改变原有的句法结构。比如（18）的表达不合乎语法：

（18）＊张三放那本书在桌子上了。

在（18）中，动词"放"后面有宾语和介词短语两个成分。我们在9.3.1 节指出，由于动词将普通重音指派给其宾语，造成介词宾语得不到重音，因此结构不合乎语法。在这种情况下，动词宾语需要进行提升移位才能使句子合乎语法：

（19）a. 那本书，张三放在桌子上了。

　　　 b. 张三把那本书放在桌子上了。

　　　 c. 那本书被张三放在桌子上了。

（19）a 至（19）c 分别采用的话题化、把字句和被字句等手段使动词宾语进行移位，从而使动词能够将普通重音指派给介词宾语。除了宾语提升之外，在（19）中，介词"在"同样发生了移位，并入动词短语中，如（20）所示：

（20）a. 放在桌子上

　　　 b. 放在了桌子上

　　　 c. ＊放了在桌子上

可以看出，动词和介词之间不能插入体标记"了"。此外，介词的存在会影响动词向介词宾语指派重音。介词向动词的并入（冯胜利称为"核心词移位"）可以使其与动词形成一个复杂动词，从而方便普通重音的指派（冯胜利，2013：225），如图 9 – 10 所示：

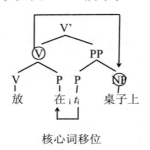

核心词移位

图 9 – 10　介词并入示意图

同样，9.3.1 节中提到的"动补＋宾"结构也可以通过核心词移位来解释。当然，核心词移位仍然受到韵律驱动。比如在表达合乎语法的"关严窗户"中，单音节补语"严"通过核心词移位并入动词短语，与单音节动词"关"组成一个韵律词，该韵律词向其宾语"窗户"指派普通重音（冯胜利，2013：261），具体过程如图 9 – 11 所示：

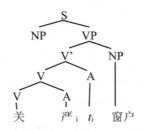

图 9 – 11　补语并入示意图

此外，代体宾语现象也可以通过核心词移位进行解释（冯胜利称为"动词并入"），代体宾语现象如（21）所示：

（21）a. 用毛笔写字 → 写毛笔

　　　b. 用大碗吃饭 → 吃大碗

　　　c. 在食堂吃饭 → 吃食堂

　　　d. 靠父母吃饭 → 吃父母

箭头右边的是代体宾语结构。代体宾语不是动作的直接承受对象，与动词的关系较为间接，一般表示工具、方式、地点、时间等。冯胜利（2013：247）将"用毛笔写"分析为动词套嵌结构，如图 9 – 12 所示：

图 9 – 12　"用毛笔写"句法结构示意图

在代体宾语生成的过程中，动词"用"和宾语"字"首先悬空，形成"Ø 毛笔写 pro"结构。动词"写"提升移位至名词"毛笔"的左边，并向其指派普通重音（冯胜利，2013：247），整个过程如图 9 – 13 所示：

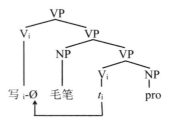

图 9 – 13　"写毛笔"结构生成示意图

可以看出，普通重音的韵律要求是驱动句法移位的内在动因。除了上述现象之外，重音指派还可以为汉语介宾结构的句法位置、介宾分置、假动宾结构等语言现象提供解释，有兴趣的读者可参照冯胜利（2013）、

Feng（2019a）等。

9.3.3 方位词的韵律句法研究

Feng（2019b）在韵律句法学的理论框架下对汉语方位词进行了研究，旨在对以下语言现象提供解释，如（22）所示：

（22）a. 张三把书放在桌子上。

　　　b. 八佾舞於庭，是可忍也，孰不可忍也。《论语·八佾》

（22）中涉及方所介词结构。（22）a 是现代汉语的情况，其中的方位词"上"不能省去，否则句子不合乎语法。（22）b 是古代汉语的情况，方位词可以省去。Huang（2009）将汉语单音节方位词分析为 Localizer Phrase（LP），并对（22）中的结构进行了解释，具体情况如图 9 - 14 所示：

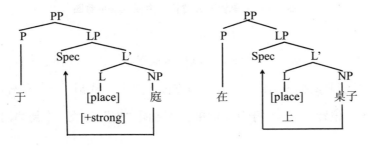

图 9 - 14　Huang（2009）的分析模式图

在古代汉语中，中心语 L 具有强性特征，因此不需要显性方位词填充，而在现代汉语中，中心语 L 的强性特征消退，需要显性的方位词填充。Feng（2019b）吸收了 Huang（2009）关于方位介词结构的句法架构，通过韵律因素为汉语方位词进行解释。Feng（2019b）指出，单音节方位词在上古时期是独立的方位名词，到中古时期逐渐与邻近的单音节名词组成一个双音节单位，如（23）所示：

（23）a. 葬之邻城之下。 （左传·僖公33年）

b. 齐梁之兵连于城下。（史记·张仪列传）

随着单音节方位词的名词性特征逐渐消失，其在结构上降落至中心语 L 的位置，成为一种功能语类。双音节的韵律要求促使单音节方位词与其前面的单音节名词组成一个韵律词（Feng，2019b：228），这一过程如图 9－15 所示：

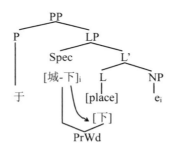

图 9－15　单音节方位词的生成过程示意图

如图 9－15 所示，NP"城下"基础生成于中心语 L 的补语位置，并随后提升移位至 LP 的标识语位置。单音节方位词"下"从 LP 的标识语位置降落至中心语 L 位置，并与位于其前的单音节名词"城"组成一个韵律词。

9.4　《汉语韵律句法学》（2019）内容介绍及理论简评

9.4.1　主要内容

《汉语韵律句法学》分为上卷和下卷，上卷是理论与事实部分，主要介绍韵律句法的理论背景及相关概念，下卷是历时与演变部分，主要以历史的视角探索汉语的重音转移、被字句、把字句和方位结构的演变过程。

本书的上卷共包含五章内容。

第一章为引言，主要阐述韵律句法的理论背景和研究对象，明确了韵律句法学的核心精神，即"韵律制约句法"。本章随后讨论了韵律句法学的研究方法，并介绍了句法学和韵律学的基本原理和相关概念。

第二章"韵律音系学的相关概念"探讨了韵律音系学中的基本概念和理论原则，对韵律层级、节奏、重音、音步等概念作出了详细的说明。

第三章"词与语"旨在明确韵律词的理论地位，指出其兼具"词"与"语"的语法性质。本章考察了汉语中不同数量的音节组合，提出了汉语自然音步"由左向右"的实现方向。本章指出，原始汉语的音步为韵素音步，秦汉以后的音步为音节音步。在现代汉语中，双音节音步占据着绝对统治的地位。

第四章"头重脚轻和尾大不掉"探索了韵律对句法的制约机制，指出韵律控制句法的途径为重音。本章指出，汉语既不允许"头重脚轻"的结构，比如"＊种植牙""＊把脸洗""＊被人打"等，也不允许"尾大不掉"的结构，比如"动宾＋量词短语"结构、"动宾＋介词短语"及"动补＋宾语"结构等。

第五章"韵律促发的句法运作"全面阐述了由韵律所驱动的句法操作的技术要点，涉及韵律驱动的宾语移位和介词移位、韵律导致的介宾分置和动词并入、韵律导致的假动宾、补语并入等。

本书的下卷包含四章内容。

第一章"词序演变与重音转移"探索韵律在汉语历时演进过程中所发挥的作用。本章明确了韵律结构在汉语共时表现和历时演变中的催化作用，揭示了汉语由 SOV 型语序向 SVO 型语序的演变过程。

第二章"韵律结构与把字句的来源"在韵律句法学的视角下考察了汉

语被字句的历时发展及演变，揭示了双音节音步在被字句的形成与演变过程中的作用。

第三章"韵律结构与把字句的产生"探索把字句的韵律制约机制及结构演变过程。本章指出，把字句的合乎语法性受到韵律结构的制约，语义限制则是在结构发展中逐步形成的。"＊把他打""＊把书看""＊把船拉"等由于动词挂单而使表达不合乎语法。

第四章"韵律制约下的古今汉语方位词"在韵律句法学的框架下对汉语方位词展开研究。本章指出，韵律的要求导致了双音节地名的大量产生，并诱发单音节方位词与单音节非地点名词合并为双音节音步。方位词结构在动词前后的不同韵律表现是由于受到了基于支配的核心重音规则及双音节化要求的制约。

9.4.2　简要评价

汉语韵律句法学是完全基于汉语事实而构建的形式语言学理论，旨在为汉语语言现象提供科学合理的理论解释，具有极其重要的理论意义和实践意义。其学术价值主要体现在以下三个方面：

第一，凸显韵律在句法运算中的理论地位，体现出鲜明的接口特征。以最简方案为代表的形式句法学理论强调句法运算的纯粹性，音系则被视为后句法阶段的解释性组件。韵律句法凸显了韵律的理论地位，指出韵律制约句法，句法影响韵律，二者联系紧密，双向互动，共同规约着语言结构的历时演变与共时表现。和 Richards（2016）和 Dobashi（2019）的接口理论相比，韵律句法的观点更为激进，进一步凸显了韵律在句法运算中的制约作用。

第二，汉语韵律句法的理论构建完全基于古今汉语事实，这在基于西语进行理论构建与研究的形式语言学界实为可贵。主流形式学界的研究以西语为主，对汉语语言现象重视不够，有的解释方案方枘圆凿，难逃削足适履之嫌。汉语韵律句法则完全基于古今汉语事实，为汉语语言现象提供了优化经济的解释方案。在韵律句法的理论框架下，很多结构合乎语法、表达拗口的汉式表达可以得到较为合理的解释。

第三，汉语韵律句法学在研究过程中注重共时历时相互参证，力克学术研究中只偏一隅之流弊，真正做到了古今并重，通观全局。当今主流形式学派的语言研究多以不同的理论框架考察语言结构的共时表现，对语言结构的历时演变及古今渊源未能给予足够的重视。而仅仅基于共时的语言研究在面对纷繁多变的结构变体时往往显得漏洞百出，无能为力。韵律句法将语言结构放在历时发展的框架内进行研究，在全面考察语言结构的历史渊源及结构流变的基础上，通过以今释古、以古验今的方式，力求为汉语语言现象提供一个完美无缺的解释方案（孙文统，2021b）。

需要指出的是，韵律句法在结构表征方面不够精密，在句法推导方面主要凸显韵律的制约作用，尚未考虑句法本身的局域性限制条件。因此，其理论模型尚未得到形式学界的广泛接受。如何进一步加强句法表征的精密化描写，强调句法推导的局域性限制，凸显句法结构生成的动态性，深化韵律与句法之间的互动联通，需要我们的共同努力。

9.5 本章小结

本章对汉语韵律句法学的基本理论主张和具体运作方式进行了介绍。9.1 节简要说明了韵律句法学的主要特点与产生背景。9.2 节主要介绍了韵律句法学的理论主张及基本原则，指出了韵律对句法所产生的影响，明确了韵律句法中的核心概念—核心重音（普通重音）。此外，本节对句法学和韵律学中的基本概念进行了说明。9.3 节主要阐述韵律对句法表征的制约作用，涉及头重脚轻的［2＋1］型动宾搭配、把字句、被字句等结构和尾大不掉的"动宾＋量词短语""动宾＋介词短语""动补＋宾语"等结构。此外，本节还介绍了韵律驱动的句法操作，涉及宾语移位、介词并入、补语并入、动词并入等操作。9.4节对《汉语韵律句法学》一书进行了简要的介绍及评价。

第十章

结语

10. 1　内容总结

本书对形式句法理论的新近发展及应用进行了研究，选取了形式句法学领域颇具代表性的八个前沿性理论模型，尽量用简单平实的语言，在有限的空间内，展现这些理论模型的核心精神及具体应用。

本书所选取的理论模型代表了形式句法学理论的最新发展，涉及句法、语义和音系方面的最新探索。其中，多重支配句法和关系句法对句法的运算方式和条件限制做出变革，纳米句法则力图在语言结构的微观领域寻求突破。范域理论进一步挖掘了探针及其范域的运作机制，为最简方案中基于语段的运算机制提供了全新的技术支持。普遍语义句法强调句法研究的纯语义视角，注重构建基于语义关系的形式化表征。接触理论、外化理论和韵律句法注重句法研究的接口指向，试图打造韵律－句法互动的研究框架。不同模型视角互异，各有专长，共同为自然语言中纷繁复杂的语法现象提供解释。

本书从理论背景、基本假设、具体应用和简要评介四个方面对上述理论模型进行了介绍，尽量全面地反映出各个理论模型的内涵及外延。理论背景部分直击理论产生的内在动因，基本假设部分紧扣理论模型的操作要件，具体应用部分选用最具代表性的个案研究，简要评介部分对相关代表性理论书目进行了简明扼要的介绍与评价。本书在介绍过程中力求简洁明晰，规避不必要的细节操作，方便读者能够较快地掌握各个理论模型的核心精神及技术操作。比如在对关系句法模型进行介绍时，本书主要凸显其理论模型的主要特色和关系化的句法运算，在具体应用环节，只选取最具代表性的研究个案进行说明。比如在对疑问算子的研究中，本书仅以特殊疑问句"What will he eat?"为例进行了简要的说明，没有提及关系句法在优先效应、"that－语迹"效应和 wh 结构岛中的具体应用。选取简单的研究个案进行说明可以有效规避由艰涩复杂的操作所带来的阅读障碍，使读者能够方便快捷地了解具体理论模型的运作机制。本书通过这种方式对各个理论模型进行了阐释：

多重句法的二元合并操作主要凸显句法位置赋予合并操作的二元限制，并以 ATB 结构、RNR 结构和循序式移位为例对其运作方式进行了说明。关系句法则重点介绍其关键性的关系化运作，主要通过 NP 短语内部的语序变化、wh 算子和省略现象进行阐明。纳米句法强调其基于原子特征的推导运算，通过类并现象、法语代词和习语等对其短语拼出等技术操作进行了说明。范域理论开启了探针自上而下的范域式搜寻模式，并在印度－乌尔都语和德语的局域性限制和"不当移位限制"的解释过程中体现了其理论价值。普遍语义句法呈现出纯粹基于语义关系的形式化表征方式，并对自然语言中的名词修饰、动词结构、非人称结构等结构进行了形式化表征。接触理论确立了韵律信息在句法推导中的理论地位，并通过句法和韵律互动的方式对 EPP 特征、特殊疑问句以及探针－目标关系进行了解释。外化理论调整了音系部门和音系运作的理论定位，并在"I"模型下对 SVO 型语言的韵律组配、韵律层级以及一些句法现象进行了解释。韵律句法基于汉语事实提出了其"韵律控制句法"的理论模型，通过汉语中的"头重脚轻"和"尾大不掉"等语言现象诠释了韵律对句法的制约作用。

10.2　不足之处

尽管本书所选取的理论模型均为形式句法学领域内的前沿性理论，在理论操作和具体应用的阐述方面力求达到描写充分性，本书在写作方面仍然不可避免地存在一些不足之处，主要体现在以下三个方面：

第一，本书所选取的理论模型仍然不够全面，无法完全反映形式句法学领域内的发展与变革。一些颇具理论意义的前沿性著作尚未纳入本书的介绍范围，比如研究句法推导方向的《句法依存与推导方向》（*Dependency and Directionality*）（den Dikken，2018），研究句法语义接口的《语法中的显著性与局域性：特殊疑问句与反身代词的句法和语义》（*Prominence and Locality in Grammar：The Syntax and Semantics of Wh – questions and Reflexives*）（Hu，2019）以及形式语言学与语言类型学的交叉研究如《"后冠后"条件：一条普遍性的句法制约原则》（*The Final – Over – Final Condition：A Syntactic Universal*）（Sheehan et al.，2017）、《参数层级与普遍语法》（*Parameter hierarchies and Universal Grammar*）（Roberts，2019）等。在本书所介绍的理论模型中，对有关句法运算和句法–音系接口的介绍较为偏重，较少介绍句法–语义接口的前沿性理论，使本书在所涉领域方面略欠平衡。

第二，受篇幅所限，本书在进行理论介绍时，为求简洁明快，仅仅涉及各个理论模型的核心技术操作，省去了一些较为复杂的细节性操作，没有对一些基础性操作和背景性概念做出说明。在阐述理论模型的具体应用时，为求简化操作，仅仅选取该理论模型中最具代表性的个案研究，在现象分析的时候点到为止，尽量规避艰涩复杂的技术分析。虽然这种方式能够简化理解过程，提高本书的可读性，却在一定程度上影响了理论介绍的整体性与系统性，顾此失彼。

第三，尽管本书对于不同理论模型的介绍在一定程度上达到了描写充分性，基本反映出各个理论模型的整体风貌，却未能进一步挖掘不同理论模型之间的内在联系，从而达到理论研究的解释充分性。比如，涉及句法－韵律接口研究的接触理论、外化理论和韵律句法学之间的差异是什么，是否存在内在联系，多重支配句法中的二元限制如何在主张探针和范域互动的范域理论中得到体现，普遍语义句法如何融入主流生成学派的研究框架等等，这些问题值得在将来的研究中进行深入的探索。

在今后的研究过程中，应当继续紧跟学术发展前沿，进一步拓宽自身的理论视野，深化对不同理论模型本质的认识，对比分析不同理论模型之间的长短优劣，深入挖掘不同理论框架之间的内在联系，剖玄析微，博采众长，为推动汉语语法理论的长足发展贡献一份绵薄之力。

本书常用术语英汉对照表

across – the – board（ATB）wh – questions	并列疑问结构
Affix Support	词缀支持
agreement	一致关系
amalgam	复合结构
ameliorating effect	改善效应
articulatory – perceptual system，AP	发音 – 感知系统
asymmetrically c – command	非对称性成分统制
ATB movement	ATB 移位
ATB extraction	ATB 抽取
athematic	非题元性
atomic feature	原子特征
AxPart	轴向部分
Bahuvrihi	性状复合结构
bilateral labeling	双边加标
Binarity Constraint on Merge，BiCoM	合并的二元限制条件
Cartography	制图理论
c – command	成分统制
compounding relation	复合关系
conceptual – intentional system，CI	概念 – 意向系统

续表

constituent	结构成分
contiguity adjunction	接触嫁接
contiguity – prominence	接触凸显
convergence	汇合
Cyclic Override Principle	循环覆盖原则
defective intervention	缺陷性干涉
defective TP	缺陷性小句
Dependency Grammar	依存语法
Depth Stress Principle	深重原则
determiner sharing	限定词共享
diacritic feature	附加特征
Distal	远端
Distributed Morphology, DM	分布式形态学
divergence	分歧
End – based Theory	边缘理论
edge feature	边缘特征
Elsewhere Principle	别处原则
entity	语言实体
equipollent relation	等位关系
Establish Rel	建立关系
expletive	虚主语
extended projection	扩展性投射
Extended Projection Principle, EPP	扩展投射原则
external merge	外部合并
extraposition	外置
feature sequence, fseq	特征序列
focus sluicing	焦点截省句

续表

Form Dependency	形式依存
Form Relation，FR	构成关系
free relatives	自由关系分句
fission	分裂
fusion	溶合
generalized contiguity	广义接触
goal	目标
Government and Binding，GB	管辖与约束
Government – based NSR	支配原则
gradation relation	等级关系
grouping	组配
heavy NP shift	重型名词短语外置
hyperraising	超强提升
horizon	范域
horizontal sharing	水平共享
Immediate Gratification，IG	即时满足
Inclusiveness Condition	包容原则
internal merge	内部合并
intonational phrase	语调短语
island effect	结构岛效应
Labeling Algorithm	加标算法
landing site	落脚点
language faculty	语言官能
Legibility Condition	可读性条件
lexicalization	词汇化
lexical array	词汇序列
lexical entry	词汇项目

lexical projection	词汇投射
lexical root	词根
lexical tree，L – tree	词汇树
limitation relation	限制关系
Linear Correspondence Axiom，LCA	线性对应定理
linearization	线性化
locality	局域性
Medial	中端
merge	合并
metrical boundary	韵律界限
metrical foot	韵律音步
minimal category	最小语类
minimal word	最小词
multidominance	多重支配
nanosyntax	纳米句法
narrow syntax	狭式句法
nexus	联结
nonbinarity	非二元性
non – parallelism	不平行性
Nuclear Stress	核心重音
Nuclear Stress Rule，NSR	核心重音规则
null operator	空算子
one feature – one head，OFOH	特征 – 中心语一一对应假设
one – fell – swoop movement	一次性移位
opacity	不透明性
Optimality Theory	优选论
parallel merge	平行合并

parallelism	平行性
parasitic gap	寄生空位
participial small clause	分词小句
path	路径
Phase Accessibility Condition，PAC	语段可及性条件
Phase Impenetrability Condition，PIC	语段不可渗透条件
phonological phrase	韵律短语
phrasal spell – out	短语拼出
Phrase Structure Constraint	短语结构限制
portmanteau morphology	混成形态
probe	探针
probe – goal contiguity	探针 – 目标接触
property	性质
prosodic word，PrWd	韵律词
Proximal	近端
pseudogapping	假拟空位
relation	关系
Relational Grammar	关系语法
Relation – based Theory	关系理论
remnant movement	后续式移位
Right Edge Restriction	右侧边缘限制
right node raising	右向节点提升
Right Roof Constraint	右向移位限制
saturated	饱和的
search path	搜寻路径
Selectionally – based NSR	选择原则
selective opacity	选择性移位限制

续表

Semiotactics	符号组合理论
sensorimotor system, SM	感觉运动系统
sluicing	截省句
small clause	小句
smuggling movement	嵌入式移位
spec（ifier）	标识语
spell – out loop	拼出回路
spell – out	拼出
stage	阶段
stratification relation	层级关系
strong feature	强性特征
structural syncretism	结构类并
subjacency principle	领属原则
successive – cyclic movement	循序式移位
superiority effect	优先效应
superraising	超级提升
Superset Principle	超集原则
syntactic position	句法位置
syntactic tree, S – tree	句法树
Syntax – Phonology Asymmetry	句法 – 音系不对称条件
system of thought	思维系统
θ – criterion	题元准则
topicalization	话题化
transparency	透明性
uninterpretable feature	不可解释特征
unsaturated	未饱和的
untethering	解除

续表

vacuous horizon	空范域
vertical sharing	垂直共享
Word Grammar	词语法
workspace	工作空间
zero search	零搜寻

参考文献

［1］程工，李海. 分布式形态学的最新进展［J］. 当代语言学，2016（1）：97 – 119.

［2］董秀芳. 述补带宾句式中的韵律制约［J］. 语言研究，1998（1）：55 – 62.

［3］冯胜利. 汉语的韵律、词法与句法［M］. 北京：北京大学出版社，1997.

［4］冯胜利. 汉语韵律句法学［M］. 上海：上海教育出版社，2000.

［5］冯胜利. 汉语韵律语法研究［M］. 北京：北京大学出版社，2005.

［6］冯胜利. 汉语韵律句法学（增订本）［M］. 北京：商务印书馆，2013.

［7］李小荣. 对述结式带宾语功能的考察［J］. 汉语学习，1994（1）：32 – 38.

［8］孙文统. 《推导句法关系》评介［J］. 外语教学与研究，2019（6）：949 – 953.

［9］孙文统. 纳米句法：生成语法研究的新范式［N］. 中国社会科

学报，2020a – 3 – 3（003）．

[10] 孙文统. 接触理论：生成语法研究的新进展 [N]．中国社会科学报，2020b – 9 – 8（003）．

[11] 孙文统. 外化理论：句法 – 音系接口研究的新探索 [N]．中国社会科学报，2021a – 3 – 16（003）．

[12] 孙文统.《汉语韵律句法学》评介 [J]．四川文理学院学报，2021b（3）：72 – 76.

[13] 孙文统. 汉语方所介词的纳米句法研究 [M]．长春：吉林大学出版社，2021c.

[14] 孙文统. 汉语框式介词的生成语法研究 [M]．北京：中国书籍出版社，2021d.

[15] Abels, K. Some Implications of Improper Movement for Cartography [C] // In Alternatives to cartography, ed. by Jeroen van Craenenbroeck and Johan Rooryck, 325 – 359. Berlin：de Gruyter, 2009.

[16] Abels, K. The Italian Left Periphery：A View from Locality [J]．Linguistic Inquiry, 2012（43）：229 – 254.

[17] Abney, S. The English Noun Phrase in Its Sentential Aspect [D]．Ph. D. Dissertation, MIT, 1987.

[18] Abney, S. Dependency Grammars and Context – free Grammars [Z]．Unpublished draft of a talk presented at the meeting of the Linguistic Society of America, January, 1995.

[19] Adger, D. A Memory Architecture of Merge [J/OL]．Ms., Queen Mary University of London, 2017. Http：//lingbuzz/003440.

[20] Alexiadou, A. and Anagnostopoulou, E. Parametrizing Agr：Word Order, V – movement, and EPP – checking [J]．Natural Language and Linguistic Theory,

1998 (16): 491 −539.

[21] Baltin, M. Toward a Theory of Movement Rules [D].
Ph. D. Dissertation, MIT, 1978.

[22] Baunaz, L. et al. (ed.). Exploring Nanosynatx [M]. Oxford:
Oxford University Press, 2018.

[23] Baunaz, L. and Lander, E. Nanosyntax: The Basics [C] // In Explo-
ring Nanosyntax, ed. by Lena Baunaz et al., 3 − 56. Oxford: Oxford University
Press, 2018.

[24] Bennett, R., Elfner, E. and McCloskey, J. Lightest to the Right: An
Apparently Anomalous Displacement in Irish [J]. Linguistic Inquiry, 2016
(2): 169 −234.

[25] Blake, B. Case [M]. Cambridge: Cambridge University Press,
1994.

[26] Bobaljik, J. In terms of Merge: Copy and Head − movement [C] //
In Papers on Minimalist Syntax, ed. by Rob Pensalfini and Hiroyuki Ura, 41 −
64. MIT Working Papers in Linguistics 27. Cambridge, MA: MIT, MIT Working
Papers in Linguistics, 1995.

[27] Bobaljik, J. On Comparative Suppletion [Z]. Ms. University of Con-
necticut, 2007.

[28] Bobaljik, J. Universals in Comparative Morphology: Suppletion, Su-
perlatives, and the Structure of Words [M]. Cambridge, MA: MIT Press,
2012.

[29] Boeckx, C. Eliminating Spell − Out [J]. Linguistic Analysis, 2003/
2007 (33): 414 −425.

[30] Borer, H. In Name Only: Structuring Sense, Volume 1 [M]. Oxford:

Oxford University Press, 2005a.

[31] Borer, H. The Normal Course of Events: Structuring Sense, Volume 2 [M] . Oxford: Oxford University Press, 2005b.

[32] Borer, H. Taking Form: Structuring Sense, Volume 3 [M] . Oxford: Oxford University Press, 2013.

[33] Bowers, J. Syntactic Relations [Z] . Unpublished paper, Department of Linguistics, Cornell University, 2000.

[34] Bowers, J. Argument as Relations [M] . Cambridge, MA: MIT Press, 2010.

[35] Bowers, J. Deriving Syntactic Relations [M] . Cambridge: Cambridge University Press, 2018.

[36] Bresnan, J. Sentence Stress and Syntactic Transformations [J] . Language, 1971 (47): 257 – 281.

[37] Bresnan, J. (ed.) . The Mental Representation of Grammatical relations [M] . Cambridge, MA: The MIT Press, 1982.

[38] Bruening, B. Language – particular Syntactic Rules and Constraints: English Locative Inversion and Do – support [J] . Language, 2010 (86): 43 – 84.

[39] Caha, P. The Nanosyntax of Case [D] . Ph. D. Dissertation, University of Tromsø, 2009.

[40] Cardinaletti, A. Subjects and Clause Structure [C] // In The New Comparative Syntax, ed. by Liliane Haegeman, 33 – 63. London: Addison, Wesley, Longman, 1997.

[41] Cardinaletti, A. Towards a Cartography of Subject Positions [C] // In The Structure of CP and IP: The Cartography of Syntactic Structures, Vol. 2,

ed. by Luigi Rizzi, 115 – 165. New York: Oxford University Press, 2004.

[42] Cardinaletti, A. and Starke, M. The Typology of Structural Deficiency. A Case Study of the Three Classes of Pronouns [C] // In Clitics in the Languages of Europe, ed. by Henk van Riemsdijik, 145 – 233. Berlin: Mouton de Gruyter, 1999.

[43] Chomsky, N. Conditions on Transformation [C] // In A Festschrift for Moris Halle, ed. by Stephen Anderson and Paul Kiparsky, 232 – 286. New York: Academic Press, 1973.

[44] Chomsky, N. OnWh – movement [C] // In Formal Syntax, ed. by Peter Culicover, Thomas Wasow, and Adrian Akmajian, 71 – 132. New York: Academic Press, 1977.

[45] Chomsky, N. Lectures on Government and Binding [M]. Dordrecht: Foris, 1981.

[46] Chomsky, N. A Minimalist Program for Linguistic Theory [C] // In The Views from Building 20, ed. by Kenneth Hale andSamuel Jay Keyser, 1 – 52. Cambridge, MA: MIT Press, 1993.

[47] Chomsky, N. The Minimalist Program [M]. Cambridge, MA: MIT Press, 1995.

[48] Chomsky, N. Minimalist Inquiries: The Framework [Z]. MIT Occasional Papers in Linguistics, 1998.

[49] Chomsky, N. Minimalist Inquiries: The Framework [C] // In Step by Step: Essays in Syntax in Honor of Howard Lasnik, ed. by Roger Martin, David Michaels, and Juan Uriagereka, 89 – 155. Cambridge, MA: MIT Press, 2000.

[50] Chomsky, N. Beyond Explanatory Adequacy [Z]. MIT Occasional Papers in Linguistics 20. Cambridge, MA: MIT, MIT Working Papers in Linguis-

tics, 2001a.

[51] Chomsky, N. Derivation byPhase [C] // In Ken Hale: A Life in Language, ed. by Michael Kenstowicz, 1 – 52. Cambridge, MA: MIT Press, 2001b.

[52] Chomsky, N. Approaching UG from Below [C] // In Interface + Recursion = Language?, ed. by Uli Sauerland and Hans – Martin Gärter, 1 – 30. Berlin: Mouton de Gruyter, 2007.

[53] Chomsky, N. On Phase [C] // In Foundational Issues in Linguistic Theory, ed. by Robert Freidin, Carlos P. Otero, and Maria Luisa Zubizarreta, 133 – 166. Cambridge, MA: MIT Press, 2008.

[54] Chomsky, N. Problems of Projection [J]. Lingua, 2013 (130): 33 – 49.

[55] Chomsky, N. Minimal Recursion: Exploring the Prospects [C] // In Recursion: Complexity in Cognition, ed. by Tom Roeper and Margaret Speas, 1 – 15. Dordrecht: Springer, 2014.

[56] Chomsky, N. Problems of Projection: Extensions [C] // In Structures, Strategies and beyond: Studies in Honour of Adriana Belletti, ed. by Elisa Di Domenico, Cornelia Hamann, and Simona Matteini, 3 – 16. Amsterdam: John Benjamins, 2015.

[57] Chomsky, N. What Kind of Creatures are We? [M]. New York: Columbia University Press, 2016.

[58] Chomsky, N. The Language Capacity: Architecture and Evolution [J]. Psychonomic Bulletin and Review, 2017 (24): 200 – 203.

[59] Chomsky, N. Some Puzzling Foundational Issues: The Reading Program [J]. Catalan Journal of Linguistics (Special Issue), 2019: 263 – 285.

[60] Chomsky, N. and Halle, M. The Sound Pattern of English [M].
New York: Harper & Row, 1968.

[61] Cinque, G. Types of A' Dependencies [M]. Cambridge, MA: MIT
Press, 1990.

[62] Cinque, G. A Null Theory of Phrase and Compound Stress [J].
Linguistic Inquiry, 1993 (24): 239 – 397.

[63] Cinque, G. Adverbs and Inflectional Heads [M]. Oxford: Oxford
University Press, 1999.

[64] Cinque, G. (ed.). Functional Structure in DP and IP: The Cartog-
raphy ofSyntactic Structures, Vol. 1 [M]. New York: Oxford University
Press, 2002.

[65] Cinque, G. Deriving Greenberg's Universal 20 and Its Exceptions
[J]. Linguistic Inquiry, 2005 (36): 315 – 332.

[66] Cinque, G. The Syntax of Adjectives [M]. Cambridge, MA: MIT
Press, 2010.

[67] Citko, B. Parallel Merge and the Syntax of Free Relatives [D].
Ph. D. Dissertation, Stony Brook University, 2000.

[68] Citko, B. Determiner Sharing from a Crosslinguistic Perspective [J].
Linguistic Variation Yearbook, 2006: 73 – 96.

[69] Citko, B. Multidominance [C] // In The Oxford Handbook of Lin-
guistic Minimalism, ed. by Cedric Boeckx, 119 – 142. Oxford: Oxford University
Press, 2011a.

[70] Citko, B. Symmetry in Syntax: Merge, Move and Labels [M]. Cam-
bridge: Cambridge University Press, 2011b.

[71] Clemens, L. E. Prosodic Noun Incorporation and Verb – initial Syntax

[D]. Ph. D. Dissertation, Harvard University, 2014.

[72] Collins, C. Eliminating Labels [C] // In Derivation and Explanation in the Minimalist Program, ed. by Samuel David Epstein and T. Daniel Seely, 42 – 64. Malden, MA: Blackwell, 2002.

[73] Collins, C. A Smuggling Approach to Raising in English [J]. Linguistic Inquiry, 2005 (36): 289 – 298.

[74] Collins, C. A Smuggling Approach to the Passive in English [J]. Syntax, 2005 (81): 81 – 120.

[75] Collins, C, and Edward, S. A Formalization of Minimalist Syntax [J]. Syntax, 2016 (19): 43 – 78.

[76] Collins, C. and Ura, H. Eliminating Phrase Structure [Z]. Unpublished paper, Cornell University and Kwansei Gakuin University, 2001.

[77] Comrie, B. Language Universals & Linguistic Typology [M]. Chicago: The University of Chicago Press, 1989.

[78] Dayal, V. Locality in WH Quantification: Questions and Relative Clauses in Hindi [M]. Dordrecht: Kluwer, 1996.

[79] Dékány, Éva. The Nanosyntax of Hungarian Postpositions [J/OL]. Nordlyd, 2009 (36): 41 – 76. Http: // septentrio. Uit. No/index. php/nordlyd/ index.

[80] Dikken, Marcel den. On the Functional Structure of Locative and Directional PPs [C] // In Mapping Spatial PPs, The Cartography of Syntactic Structures, Volume 6, ed. by Guglielmo Cinque and Luigi Rizzi, 74 – 126. New York: Oxford University Press, 2010.

[81] Dikken, Marcel den. Dependency and Directionality [M]. Cambridge: Cambridge University Press, 2018.

[82] Dobashi, Y. Phonological Phrasing and Syntactic Derivation [D]. Ph. D. Dissertation, Cornell University, 2003.

[83] Dobashi, Y. Autonomy of Prosody and Prosodic Domain Formation: A Derivational Approach [J]. Linguistic Analysis, 2013 (38): 331 – 355.

[84] Dobashi, Y. Externalization: Phonological Interpretation of Syntactic Objects [M]. London and New York: Routledge, 2019.

[85] Ebeling, Carl L. On the Semantic Structure of the Russian Sentence [J]. Lingua, 1954 (4): 207 – 222.

[86] Ebeling, Carl L. Syntax and Semantics. A Taxonomic Approach [M]. Leiden: Brill, 1978.

[87] Ebeling, Carl L. How Many Valences? [C] // In Voz' mi na radost': To Honour Jeanne van der Eng – Liedmeier, 361 – 371. Amsterdam: Slavic Seminar, 1980.

[88] Ebeling, Carl L. Een Inleiding tot de Syntaxis [M]. Leiden: The Hakuchi Press, 1994.

[89] Ebeling, Carl L. Semiotaxis. Over Theoretische en Nederlandse Syntaxis [M]. Amsterdam: Amsterdam University Press, 2006.

[90] Elfner, E. Syntax – phonology Interactions in Irish [D]. Ph. D. Dissertation, University of Massachusetts, Amherst, 2012.

[91] Fábregas, A. Word Order and Nanosyntax: Preverbal Subjects and Interrogatives Across Spanish Varieties [C] // In Exploring Nanosyntax, ed. by Lena Baunaz et al. , 250 – 276. Oxford: Oxford University Press, 2018.

[92] Feng Shengli. Prosodic Structure and Prosodically Constrained Syntax in Chinese [D]. Ph. D. Dissertation, University of Pennsylvania, 1995.

[93] Feng Shengli. Prosodically Constrained Postverbal PPs in Mandarin

Chinese [J]. Linguistics, 2003 (6): 1085 – 1122.

[94] Feng Shengli. Prosodic Syntax in Chinese: Theory and Facts [M]. London and New York: Routledge, 2019a.

[95] Feng Shengli. Prosodic Syntax in Chinese: History and Changes [M]. London and New York: Routledge, 2019b.

[96] Fox, D. and Pesetsky, D. Cyclic Linearization of Syntactic Structure [J]. Theoretical Linguistics, 2004 (1 – 2): 1 – 46.

[97] Giusti, G. The Categorial Status of Determiners [C] // In The New Comparative Syntax, ed. by Liliane Haegeman, 95 – 123. New York: Longman, 1997.

[98] Goodall, G. Parallel Structures in Syntax: Coordination, Causatives, and Restructuring [M]. Cambridge: Cambridge University Press, 1987.

[99] Gračanin – Yuksek, M. About Sharing [D]. Ph. D. Dissertation, MIT, 2007.

[100] Gračanin – Yuksek, M. Linearizing Multidominance Structures [C] // In Challenges to Linearization, ed. by Theresa Biberauer and Ian Roberts, 269 – 294. Berlin: Mouton de Gruyter, 2013.

[101] Grimshaw, J. Extended Projections [Z]. Unpublished Manuscript, Brandeis University, 1991.

[102] Grimshaw, J. Locality and Extended Projection [C] // In Lexical Specification and Insertion, ed. by Peter Coopmans, Martin Everaert, and Jane Grimshaw, 115 – 133. Amsterdam: Benjamins, 2000.

[103] Guerzoni, E. Stress and Morphology in the Italian Verb System [Z]. Ms. , MIT, 2000.

[104] Haegeman, L. and Zanuttini, R. Negative Heads and the Neg Crite-

rion [J]. The Linguistic Review, 1991 (8): 233 – 251.

[105] Halle, K. and Samuel Keyser, J. On Argument Structure and the Lexical Expression of Syntactic Relations [C] // In The View from Building 20: A Festschrift for Sylvain Bromberger, ed. by Kenneth Hale and Samuel J. Keyser, 111 – 176. Cambridge, MA: MIT Press, 1993.

[106] Halle, M. and Idsardi, W. General Properties of Stress and Metrical Structure [C] // In A Handbook of Phonological Theory, ed. by John Goldsmith, 403 – 443. Oxford: Blackwell, 1995.

[107] Halle, M. and Marantz, A. Distributed Morphology and the Pieces of Inflection [C] // In The View From Building 20: A Festschrift for Sylvain Bromberger, ed. by Kenneth Hale and Samuel J. Keyser, 111 – 176. Cambridge, MA: MIT Press, 1993.

[108] Hays, D. G. Dependency Theory: A Formalism and Some Observations [J]. Language, 1964 (40): 511 – 525.

[109] Hiraiwa, K. and Bodomo, A. Object Sharing as Symmetric Sharing: Predicate Clefting and Serial Verbs in Dagaare [J]. Natural Language and Linguistic Theory 2008 (26): 795 – 832.

[110] Hu Jianhua. Prominence and Locality in Grammar: The Syntax and Semantics of Wh – questions and Reflexives [M]. London and New York: Routledge, 2019.

[111] Huang, C. – T. James. Phrase Structure, Lexical Integrity and Chinese Compounds [J]. Journal of Chinese Linguistics Teacher's Association, 1984 (19): 53 – 78.

[112] Huang, C. – T. James. Lexical Decomposition, Silent Categories, and the Localizer Phrase [J]. 语言学论丛, 2009 (39): 86 – 122.

［113］ Hudson, R. English Word Grammar ［M］. Oxford: Blackwell, 1990.

［114］ Idsardi, W. The Computation of Stress ［D］. Ph. D. Dissertation, MIT, 1992.

［115］ Jespersen, O. Analytic Syntax ［M］. Chicago: The University of Chicago Press, 1984.

［116］ Johnson, K. Towards Deriving Differences in How Wh Movement and QR are Pronounced ［J］. Lingua, 2012 (122): 529 – 553.

［117］ Johnson, K. Movement as Multidominance ［Z］. Handouts of lectures given at the 2nd Crete Summer School of Linguistics, University of Crete, Rethymno, July, 2018.

［118］ Kasai, H. Two Notes on ATB Movement ［J］. Language and Linguistics, 2004 (5): 167 – 188.

［119］ Kasai, H. A Multiple Dominance Approach to Parasitic Gaps ［P］. Presentation at Ways of Structure Building Conference, University of the Basque Country, November, 2008.

［120］ Kayne, R. The Antisymmetry of Syntax ［M］. Cambridge, MA: MIT Press, 1994.

［121］ Keine, S. Probes and Their Horizons ［M］. Cambridge, MA: MIT Press, 2020.

［122］ Koopman, H. Prepositions, Postpositions, Circumpositions and Particles: The Structure of Dutch PPs ［C］ // In The Syntax of Specifiers and Heads: Collected Essays of Hilda J. Koopman, ed. by Hilda Koopman, 204 – 260. London: Routledge, 2000.

［123］ Laenzlinger, C. Comparative Studies in Word Order Variations: Pronouns, Adverbs and German Clause Structure [M]. Amsterdam: John Benjamins, 1998.

[124] Larson, B. In – or ex – situ: A Diagnosis of Right Node Raising [Z]. Undergraduate honors thesis, University of Washington, 2007.

[125] Larson, B. The Representation of Syntactic Action at a Distance: Multidominance versus the Copy Theory [J]. Glossa, 2016 (1): 39, 1 – 18.

[126] Larson, R. On the Double Object Construction [J]. Linguistic Inquiry, 1988 (19): 239 – 266.

[127] Lasnik, H. and Saito, M. Move α: Conditions on Its Application and Output [M]. Cambridge MA: MIT Press, 1992.

[128] Lena, B. et al. Exploring Nanosyntax [M]. Oxford: Oxford University Press, 2018.

[129] Liberman, M. and Prince, A. On Stress and Linguistic Rhythm [J]. Linguistic Inquiry, 1977 (2): 249 – 336.

[130] Makino, Seiichi and Tsutsui, Michio. A Dictionary of Basic Japanese Grammar [M]. Tokyo: The Japan Times, 2008.

[131] Manzini, R. M. From Merge and Move to Form Dependency [Z]. UCL Working Papers in Linguistics, 1995 (7): 323 – 345.

[132] Manzini, R. M. and M. Savoia. Grammatical Categories: Variation in Romance Languages [M]. Cambridge: Cambridge University Press, 2011.

[133] Marantz, A. No Escape from Syntax: Don't Try Morphological Analysis in the Privacy of Your Own Lexicon [J/OL]. Upenn Working Papers in Linguistics, 1997 (4): 201 – 225.

[134] McCawley, J. D. Parentheticals and Discontinuous Constituent Structure [J]. Linguistic Inquiry, 1982 (13): 91 – 106.

[135] Michelle, S. , Ian R. and Anders H. The Final – Over – Final Condition: A Syntactic Universal [M] . Cambridge MA: MIT Press, 2017.

[136] May, R. Must Comp – to – Comp be Stipulated? [J] . Linguistic Inquiry, 1979 (10): 719 –725.

[137] Mel' čuk, Igor A. Dependency Syntax: Theory and Practice [M] . Albany, NY: SUNY Press, 1988.

[138] Moltmann, F. Coordination and Comparatives [D] . Ph. D. Dissertation, MIT, 1992.

[139] Muadz, H. Coordinate Structures: A Planar Representation [D] . Ph. D. Dissertation, University of Arizona, 1991.

[140] Müller, G. A Constraint on Remnant Movement [J] . Natural Language and Linguistic Theory, 1996 (14): 355 –407.

[141] Müller, G. Incomplete Category Fronting: A Derivational Approach to Remnant Movement in German [M] . Dordrecht: Kluwer, 1998.

[142] Nespor, M. and Vogel, I. Prosodic phonology [M] . Dordrecht: Foris, 1986.

[143] Noonan, M. À To Zu [C] // In Mapping Spatial PPs, The Cartography of Syntactic Structures, Volume 6, ed. by Guglielmo Cinque and Luigi Rizzi, 161 – 195. Oxford: Oxford University Press, 2010.

[144] Nunes, J. Linearization of Chains and Sideward Movement [M] . Cambridge, MA: The MIT Press, 2004.

[145] Oltra – Massuet, I. On the Constituent Structure of Catalan Verbs [C] // In Papers in Morphology and Syntax, Cycle One, ed. by Karlos Arregi, Benjamin Bruening, Cornelia Krause, and Vivian Lin, 279 – 322. Cambridge, MA: MIT, MIT Working Papers in Linguistics, 1999.

[146] Oltra – Massuet, I. On the Notion of Theme Vowel: A New Approach to Catalan Verbal Morphology [Z]. MIT Occasional Papers in Linguistics 19, Cambridge, MA: MIT, MIT Working Papers in Linguistics, 2000.

[147] Oltra – Massuet, I. and Arregi, K. Stress – by – structure in Spanish [J]. Linguistic Inquiry, 2005 (36): 43 – 84.

[148] Pantcheva, M. Decomposing Path: the Nanosyntax of Directional Expressions [D]. Ph. D. Dissertation, University of Tromsø, 2011.

[149] Perlmutter, D. Studies in Relational Grammar 1 [M]. Chicago, IL, and London: University of Chicago Press, 1983.

[150] Perlmutter, D. and Rosen, C. Studies in Relational Grammar 2 [M]. Chicago, IL, and London: University of Chicago Press, 1984.

[151] Pollard, C. and Sag Ivan A. Head – Driven Phrase Structure Grammar [M]. Chicago: University of Chicago Press, 1994.

[152] Pollock, J. Verb Movement, Universal Grammar, and the Structure of IP [J]. Linguistic Inquiry, 1989 (3): 365 – 424.

[153] Radford, A. Analysing English Sentences [M]. Cambridge: Cambridge University Press, 2016.

[154] Ramchand, G. Verb Meaning and the Lexicon: A First – Phase Syntax [M]. Cambridge: Cambridge University Press, 2008.

[155] Richards, N. Uttering Trees [M]. Cambridge MA: MIT Press, 2010.

[156] Richards, N. Contiguity Theory [M]. Cambridge MA: MIT Press, 2016.

[157] Ritter, E. Two Functional Categories in Noun Phrases: Evidence from Modern Hebrew [C] // In Perspectives on Phrase Structure: Heads and

Licensing, ed. by Susan D. Rothstein, 37 – 62. San Diego, CA: Academic, 1991.

[158] Rizzi, L. Issues in Italian Syntax [M]. Dordrecht: Foris, 1982.

[159] Rizzi, L. The Fine Structure of the Left Periphery [C] // In Elements of Grammar, ed. by Liliane Haegeman, 281 – 337. Dordrecht, The Netherlands: Kluwer, 1997.

[160] Rizzi, L. On the Position Int (errogative) in the Left Periphery of the Clause [C] // In Current Issues in Italian Syntax: Essays Offered to Lorenzo Renzi, ed. by Guglielmo Cinque and Giampaolo Salvi, 287 – 296. Amsterdam: Elsevier, North – Holland, 2001.

[161] Rizzi, L. Locality and left periphery [C] // In Structures and beyond: The Cartography of Syntactic Structures, Vol. 3, ed. by Adriana Belletti, 223 – 251. Oxford: Oxford University Press, 2004.

[162] Roberts, I. Parameter Hierarchies and Universal Grammar [M]. Oxford: Oxford University Press, 2019.

[163] Robinson, J. J. Dependency Structures and Transformation Rules [J]. Language, 1970 (46): 259 – 285.

[164] Rocquet, A. Splitting Objects: A Nanosyntactic Account of Direct Object Marking [D]. Ph. D. Dissertation, Ghent University, 2013.

[165] Ross, J. R. Constraints on Variables in Syntax [D]. Ph. D. Dissertation, MIT, Cambridge, MA. Published in 1986 as Infinite Syntax!, Ablex, Norwood, 1967.

[166] Sabbagh, J. Ordering and Linearizing Rightward Movement [J]. Natural Language and Linguistic Theory, 2007 (25): 349 – 401.

[167] Sabbagh, J. Right Node Raising [J]. Language and Linguistics

Compass, 2014 (8): 24 –35.

[168] Saito, S. A Phonological Analysis of VP – ellipsis [P]. JELS 36: Proceedings of the English Linguistic Society of Japan, 2019.

[169] Sato, Y. and Dobashi Y. Prosodic Phrasing and the That – trace Effect [J]. Linguistic Inquiry, 2016 (47): 333 –349.

[170] Saussure, Ferdinand de. Course in General Linguistics [M]. Charles Bally, Albert Sechehay and Albert Riedlinger (ed.). Lausanne: Payot, 1966.

[171] Selkirk, E. On Derived Domains in Sentence Phonology [J]. Phonology Yearbook, 1986 (3): 371 –405.

[172] Selkirk, E. On Clause and Intonational Phrase in Japanese: The Syntactic Grounding of Prosodic Constituent Structure [J]. Gengo Kenkyu, 2009 (136): 35 –73.

[173] Selkirk, E. The Syntax – phonology Interface [C] // In The Handbook of Phonological Theory, ed. by John Goldsmith, Jason Riggle, and Alan Yu, 435 –484. 2nd ed. Oxford: Wiley – Blackwell, 2011.

[174] Sheehan, M. et al. The Final – Over – Final Condition: A Syntactic Universal [M]. Cambridge, MA: The MIT Press, 2017.

[175] Sternefeld, W. Transformations Typologie und Strukturelle Hierarchie [Z]. Unpublished Manuscript, Universität Tübingen, 1992.

[176] Starke, M. Nanosyntax: A Short Primer to a New Approach to Language [C] // In Tromsø Working Papers in Language and Linguistics. Nordlyd 33 (1): 1 –6. Http: // septentro. uit. no/index. php/nordlyd/index. 2009.

[177] Starke, M. Towards an Elegant Solution to Language Variation: Variation Reduces to the Size of Lexically Stored Trees [J/OL]. Http: //Ling-

Buzz/001183, 2011.

[178] Stroik, T. Locality in Minimalist Syntax [M]. Cambridge, MA: MIT Press, 2009.

[179] Svenonius, P. Spatial Prepositions in English [C] // In Mapping Spatial PPs, The Cartography of Syntactic Structures, Volume 6, ed. by Guglielmo Cinque and Luigi Rizzi, 127 – 160. Oxford: Oxford University Press, 2010.

[180] Szabolcsi, A. The Possessive Construction in Hungarian: A Configurational Category in a Non – configurational Language [J]. Acta Linguistica Academiae Scientiarum Hungaricae, 1981 (1 – 4): 261 – 289.

[181] Szabolcsi, A. The Possessor That Ran Away from Home [J]. The Linguistic Review, 1984 (1): 89 – 102.

[182] Szabolcsi, A. Functional Categories in the Noun Phrase [C] // In Approaches to Hungarian 2: Theories and Analyses, ed. by István Kenesei, 167 – 189. Szeged, Hungary: JATE, 1987.

[183] Tallerman, M. Understanding Syntax [M]. London: Arnold Publishers, 1998.

[184] Tesnière, L. Eléments de Syntaxe Structurale [M]. Paris, France: Klincksieck, 1959.

[185] Tyler, S. Koya: An Outline Grammar [M]. Berkeley: University of California Press, 1969.

[186] Ura, H. Varieties of Raising and Their Implications for the Theory of Case and Agreement [M]. Cambridge, MA: MIT Press, 1994.

[187] Van Riemsdijk, H. Trees and Scions – Science and Trees [J/OL]. Chomsky 70th Birthday Celebration, 1998. http: //cognet. mit. edu/library/books / chomsky/celebration/essays/riemsdyk. html

[188] Van Riemsdijk, H. Free Relatives inside out: Transparent Free Relatives as Grafts [C] // In Proceedings of the 1999 PASE Conference, ed. by B. Rozwadowska, 223 – 233. Wroçsaw: University Of Wroçsaw, 2000.

[189] Van Riemsdijk, H. Free Relatives [C] // In The Blackwell Companion toSyntax, vol. 2, ed. by M. Everaert and H. van Riemsdijk, 338 – 382. Oxford: Blackwell, 2006.

[190] Vries, M. de. On Multidominance and Linearization [J]. Biolinguistics, 2009 (3): 344 – 403.

[191] Wilder, C. Right Node Raising and the LCA [C] // In WCCFL 18: Proceedings of the 18th West Coast Conference on Formal Linguistics, ed. by Sonya Bird, Andrew Carnie, Jason D. Haugen, and Peter Norquest, 586 – 598. Somerville, MA: Cascadilla Press, 1999.

[192] Wilder, C. Shared Constituents and Linearization [C] // In Topics in Ellipsis, ed. by Kyle Johnson, 229 – 258. New York: Cambridge University Press, 2008.

[193] Williams, E. Across – the – board Rule Application [J]. Linguistic Inquiry, 1978 (9): 31 – 43.

[194] Williams, E. Representation Theory [M]. Cambridge, MA: MIT Press, 2003.

[195] Williams, E. Regimes of Derivation in Syntax and Morphology [M]. New York: Routledge, 2011.

[196] Williams, E. Generative Semantics, Generative Morphosyntax [J]. Syntax, 2013 (16): 77 – 108.

[197] Zwart, J. Prospects for Top – down Derivation [J]. Catalan Journal of Linguistics, 2009 (8): 161 – 187.

［198］ Zwicky, Arnold M. Stranded to and Phonological Phrasing in English ［J］. Linguistics, 1982 （20）: 3 – 57.

［199］ Zubizarreta, M. L. Prosody, Focus and Word Order ［M］. Cambridge, MA: The MIT Press, 1998.

后　记

　　形式句法学理论以乔氏生成语法为代表，自创立以来已然走过了将近70个年头。其间理论模型几经更迭，研究视角屡屡变换，在向世人展示其蓬勃生机的同时，亦令学术探索者时常感到茫然。最简方案框架的确立使形式句法的理论模型趋于稳定，基于语段的多重拼出模式在形式句法学界地位显赫，难以撼易。光芒旋踵即逝，万物皆有沉浮。近十年来，形式句法领域新理涌现，众说并立，经典模型受到极大的质疑与挑战，颠覆与变革构成了这一时期的主要旋律。新理旧说的并立共存使得学术形势略显淆乱，令人乱花迷眼，毫无头绪。本书选取形式语言学领域极具代表性的前沿著作进行介绍，展现其核心精神与研究取向，以便使国内同行更好地把握形式语言学的发展趋势及最新状况，去粗取精、去伪存真，从而更好地推动汉语语法理论的发展。

　　业师庄会彬教授为我的学术之路指引了方向，推动着我在学术探索的道路上不断前行。在其学术道德和精神力量的感召下，阅读与评析形式语言学领域的学术新作已然成为我日常生活中的重要部分。本书在写作过程中很大程度上参考了 Barbara Citko, Martina Gračanin‐Yuksek, John Bowers, Lena Baunaz, Karen De Clercq, Liliane Haegeman, Eric Lander, Stefan Keine, Egbert Fortuin, Hetty Geerdink‐Verkoren, Norvin Richards, Yoshihito Dobashi，Feng Shengli 等学者的学术专著，在此表示诚挚的感谢。

需要说明的是，尽管本书试图通过具有代表性的学术专著反映形式句法学理论的发展情况，因受篇幅限制，所选书目十分有限，涉及方向远不够全面。此外，囿于笔者自身的学术水平和理论视野，书中谬误疏漏在所难免，恳请广大专家学者批评指正。

孙文统

2021 年 8 月 30 日